マンガでわかる
永続敗戦論

白井 聡｜原作　岩田やすてる｜マンガ
Satoshi Shirai/Yasuteru Iwata

朝日新聞出版

はじめに

「なんで歴史を知らなければならないの？」
教室でこの言葉を発する学生はさすがにお目にかかったことがないけれど、口に出さなくても同じことだ。顔にそう書いてあるのだから。
「試験をパスできず、落第するから」という答えは、もちろん答えになっていない。「なんで」という問いは、「歴史を知らなければならないと実感できない」ことによる戸惑いから発せられている。
なるほど巷には、歴史に関する商品が溢れている。本屋の書棚には硬軟取り混ぜた歴史書が多数置かれ、テレビをつければ、歴史ドラマに歴史ドキュメント。全国の観光地は、それぞれの歴史遺産をアピールし、歴女の存在がブームになる。
しかし、これらの歴史モノは、単なる商品として受け止められるかぎりは、「知らなければならない歴史」にはならない。なぜなら、商品は、私たちが買う買わないを自由に選択できるものだからだ。だから、逆に言えば、商品化される歴史は、知っても知らなくても構わない歴史だ、ということになる。少なくとも、その買い手にとっては。

しかし、歴史には、それを知ることが人の生き方や、場合によっては人の生き死にに関わるものがある。それが「知らなければならない歴史」であり、本書が読者に伝えたいものにほかならない。

3・11福島第1原発事故が発生したとき、70年前の「あの戦争」を二次情報を通してではあれ、知っている人々は、強烈な既視感を覚えたはずである。私はそのうちの1人だ。

責任者たちの当事者意識を欠いた言動、不決断と混迷、空虚な楽観主義、深刻な事態の過小評価、そして責任の不追及。これらの事柄は、たった70年前、日本人だけで300万に上る生命を奪った。厄災の性質は異なるとはいえ、まったく同質の原理が展開されるのを目の当たりにして、私は言葉を失った。

そして、強調しておかなければならないが、いま被災地以外で一応平穏無事な日常生活を営むことができているのは、まったくの幸運にすぎない。仮に、もう少し運が悪くて、当時の吉田昌郎所長らが危惧した「東日本が全部終わりになる」という事態に至っていたならば、私たちの日常生活は完全に崩壊していたはずである。

このことを認めてなお、なぜ歴史を知らなければならないか、理解できない人は、本書をいますぐ閉じて書棚に戻すほかないだろう。

私たちの社会は、あの悲惨な戦争の体験から学び、二度と繰り返すまいと誓い、戦後の平和と繁栄を手にしてきたはずだった。少なくとも、そのような建前のなかを生きてきた。

しかしながら、あの事故を通じて露呈したのは、建前がまさに建前にすぎなかったという事実だった。あの戦争において、神風特攻隊に象徴されるように、絶望的な戦況のなかであまりに多くの人々が無念でむごたらしい、いかなる意味でも合理化できない死を死んでいった。「国体」と呼ばれた国家─社会は、一種の人喰いマシンと化し、国民の大部分がその奴隷にされた。その恐るべきマシンは、克服されたどころか、いまもなお人々の生活のど真ん中に鎮座している。

私にとって、3・11の教訓とは、これである。戦後70年間、私たちは人喰いマシンを実は放置し続けてきたのであった。そうだとすれば、私たちは知らなければならない。いかにして、このような事態が生み出され、確立され、そしていまや人喰いマシンは無惨な屍と化しつつ、いまだ動きを止めていないのかを。

そして、いま進行している原発再稼働の問題や新安保法制の問題等は、この問題の直接的な延長線上にあることは、本書を読めば理解できるはずだ。

あの戦争の処理の問題と現代の問題をひとつながりにつなげて考えるなど、難しいことと思われるかもしれない。しかし、こうしたすべては、戦後史についての基礎的な知識さえあれば、十分に理解できる事柄なのである。
とはいえ、「戦後の歴史なんて知らない。学校の授業はそこにたどり着く前に終わってしまった」という声があるかもしれない。私が、本書を通じて読者に訴えかけたいのは、まさにこうした姿勢を金輪際捨て去ることにほかならない。
生きるために――すなわち、自らが生き残り、そして他者と共に生きていくために――必要な知識は、学校で教えてくれようがくれまいが、必要であることに変わりはない。
そもそも、こうした言葉を発する人は、戦後史に関して何かを自ら知ろうとしたことがあったのか。
知ろうとする者にとっては、素材はいくらでもある。この言葉を発してしまう人の不運とは、知ろうとしなければならないということを誰も教えてくれなかったことであろう。
しかし、本書を手に取ったとき、その不運はすでに終わったのである。

２０１５年　７月

白井　聡

マンガでわかる**永続敗戦論**　目次

カバーデザイン／井上新八
本文デザイン・ＤＴＰ／ユニバーサル・パブリシング
協力／柳本侑賀梨
写真／朝日新聞社

＊本書は、『永続敗戦論――戦後日本の核心』（白井聡／太田出版／２０１３年）の内容の一部をわかりやすく、マンガ化したものです。

登場人物紹介

菅野《すがの》 悠樹《ゆうき》

W大学理工学部４年。埼玉県出身。ちょっと気の弱いところがあるけれど優しい。計算が得意で地図が読める。マンガ好き。彼女の朋子とは、テニスサークルの同期。

松本《まつもと》 朋子《ともこ》

W大学文学部４年。ドイツ文学専攻。佐賀県出身。中小出版社に就職予定。行動力があり、正義感が強い。卒業旅行先を決めたのは朋子。昔から行きたかったドイツに行く。

高田《たかだ》 賢人《けんと》

政治学の研究者。W大近くに住む。喫茶店のポップでコーヒーを飲みながら読書をするのが癒やしの時間。

佐藤《さとう》 和彦《かずひこ》

高田が行きつけの喫茶店ポップのマスター。食材は、なるべく地元から取り寄せることにしている。

吉川《よしかわ》 崇《たかし》

悠樹の友人。W大学理工学部。福井県出身。以前は、電力会社に就職希望だったが３・11で気持ちが揺らいでいる。

プロローグ
それは、ベルリンから始まった

▲東西ドイツ統一以前のソ連の対独戦戦勝記念碑（1986年4月、西ベルリンで撮影）

2015年 2月
コペンハーゲン空港
デンマーク
首都コペンハーゲン
英国
ドイツ
フランス
コペンハーゲンで1泊で 明日はいよいよ憧れのドイツだわ♥
まずはホテルでゆっくりしたいね
長旅でクタクタだよ
そうね あ でも悠くん せっかくのコペンハーゲンよ人魚姫の像…フレデリクス教会も見ておきたいわー
そ…そうだね
聞いてねーし…
菅野悠樹《すがのゆうき》(22)
W大学 理工学部4年
4月から大学院進学
松本朋子《まつもとともこ》(22)
W大学 文学部4年
4月から社会人

ホテルまで
OK
Hello!
君たちはどこから来たんだい？
中国？
アイアムジャパニーズ
大学の卒業旅行です
日本から！すばらしい!!
コンニチーハ
コンバンーハ
バーシ
バーシ
ハハ…
ブロロロロ
アメリカのやることは許せない…
!?

イラクにしろシリアにしろ
アメリカのせいで
めちゃくちゃだ！
俺たちムスリムが
人殺しだって⁉
奴らこそ人殺しだ
世界中で人殺しをしている
帝国主義者どもめ‼
は…
はぁ…
なんだか
怖い人にあたっちゃったなぁ
？
何言ってんだろ…？
だが
日本人は偉大だ
俺は日本人をすごく尊敬している
アメリカとあれだけの大戦争をやったんだ
見上げた根性だぜ‼
あ…
ありがとう…
？
？
言ってることが
難しくて
わかんないぞ

俺たちは絶対にアメリカを許さない！
お前たちだってそうだろう？
原爆を落とされているんだからな
今度アメリカとやるときは
一緒にやろう!!!
えぇぇ～～～!? そんなことあるわけないじゃない アブナイ人～～
はは… ははは…
朋子… 彼はなんて言ったの？
あのね
ボソ ボソ
……
!!?
なんか物騒な運転手さんだな こういう人多いのかな…
ブロロロ

翌日
悠くん さぁ 短い コペンハーゲン 満喫しましょ
人魚姫
フレデリクス 教会
昨日の運転手… 怖かったね
観光してても 頭から離れないや
うん… ヨーロッパに住む ムスリム系の人の中には 強い反米感情をもつ人が いるとは聞いていたけど…
日本の ニュースとかで 聞くのとは少し 違って聞こえたわ
外、国、って 感じ

そして
ドイツ
ベルリン空港
憧れのベルリン！

ずっと来たかったたって
言ってたもんね
しかし
ドイツ文学なんて
マニアックなの
よく選択したよね
だって
第1志望の英米文学が
受からなかったから…
でも
ドイツ文学も
大好きよ
ヘッセでしょ
ゲーテでしょ
それに――…
カフカ!
あ!
ガイドブック
ドイツ編
ガイドブック
ドイツ編
あれって たしか
ブランデンブルク門…

行こう
コッコッ
うん
ピタ
!
みて あれ
おお…
なんか戦車なんて置いてものものしいね悠くん
なんだろこれ…ガイドブックにも載ってないや

あ！
あそこに
説明板があるよ
しかも前に立ってる人
日本人ぽいよ ラッキー
あの人に聞いてみよ
何か知ってるかも
え〜〜〜っ
スミマセーン
日本のかた
ですか？
そうですよ
この記念碑って
何ですか？
ガイドブックにも
載ってなくて
ああ
これね
これは
ソ連対独戦戦勝記念碑
ですよ
第2次世界大戦で
ソ連軍がドイツを
破ったことをたたえる
碑です

あの…
ここってドイツ
ですよね…？
ええ
ソ連がドイツを
破った記念碑が
ドイツに!?
ええ…
あの…なんだか
お詳しいですね
ハハハ…
私は政治学専攻の
研究者でね
ドイツには仕事で
1カ月間滞在して
いるんですよ
高《たか》田《だ》賢《けん》人《と》と言います
ヨロシク
あ… 私たち
大学の卒業旅行で
来ました
松本朋子です
菅野悠樹です

あの… じゃあ これって何って 書いてあるんですか？
ロシア語で「1945年 この地で 我われはファシストどもを 蹴散らした」ってとこかな
そうかぁ… 昔 ロシア…じゃなかった ソ連とドイツが戦って ここまでソ連が 来たんですね
でも外国のソ連が 勝った戦勝碑が ドイツの首都ベルリンの ど真ん中にあるって 不思議ですね
そうよねー 東京にアメリカや中国などの 連合国軍の戦勝碑が あるようなものよねー

ドドーン
そ… そんなもの立ってたら大問題だよ
そうだね日本ではあまり第2次世界大戦で〝負けた〟ものを示すものは少ないよね
〝永続敗戦レジーム〟が続いているからね
？
〝永続敗戦レジーム〟って何ですか？

『永続敗戦論』を書く上での原風景

解説・白井　聡

■ムスリム系青年と日本人の対米感情の違い

このプロローグは、私自身が2006年1月にデンマークのコペンハーゲン経由でベルリンを訪れた経験をもとに描かれている。

当時のコペンハーゲンは、「ムハンマド風刺漫画掲載問題」で揺れていた。2005年9月、デンマークの新聞がイスラム教開祖ムハンマドを過激派テロリストをイメージさせる姿に描いた風刺画を掲載したことに始まった問題だ。この事件は、2015年、パリでのシャルリー・エブド襲撃事件へとつながり、現在進行形で続いている。

当時、イスラム諸国からの猛烈な抗議に加え、イスラム圏・欧州でのデモ、大衆的な抗議運動へと事態は発展した。そのさなかに私は、トランジットでコペンハーゲンに一泊するこ

▲ムスリム系青年のこの発言には、戸惑いを覚える日本人がほとんどだろう

となった。そのときのホテルへ向かうタクシーの中で、ムスリム系青年の運転手からマンガ15ページと同じような言葉を言われた。

私は驚きのあまり、返す言葉が見つからなかった。

私個人の感情はともかく、日本の大多数の人は「アメリカともう一度戦おう」などと想像すらしていないこと。戦後の日本がアメリカ軍に対して巨大な基地を供給し続け、その世界戦略を支えてきたこと。一貫して親米的な政権が選挙によって権力を握ってきたこと。

いずれも彼に説明したかったが、うまく言葉にならなかった。

■ベルリン中心部にあるソ連の戦勝記念碑

その後、私はコペンハーゲンからベルリンへ向かった。友人と市内中心部を歩きまわっているうち、雨の中で道に迷った。氷雨に打たれてさまよう私たちの前に、何やら巨大なモニュメントが視界に入ってきた。ブランデンブルク門からほど近いところである。

それが、19ページから描かれている「ソ連対独戦戦勝記念碑」だった。その名を知ったのは、帰国後に調べたからだ。ベルリンに私たちが持っていった2冊の日本語版のガイドブック（かなり詳細なもの）には、この施設について一切の記述がなかった。

一方でそのガイドブックは、ベルリン分断時代を象徴する施設に関しては、記述がやたらに充実していた。あたかも、私たちは「冷たい戦争」の勝者なのだから勝利の記念碑となる施設には注目し、第2次世界大戦の無残な敗北に関する施設はなかったことにしてしまえ、というようなバランス。ガイドブックの編者が意識的にそう考えたわけではないだろうが、そう思えるかのようなつくりだった。

これはソ連対独戦戦勝記念碑ですよ
第2次世界大戦でソ連軍がドイツを破ったことをたたえる碑です

▲ベルリン市民が集う公園のど真ん中にソ連の戦勝記念碑が置かれている

同じ敗戦国でも、日本とドイツでは過去への向き合い方が違う、とはよく言われることだが、どれほど多くのものを私たちが見ないで済ませてきたのか、あらためて私は実感することとなった。

この2つの原風景で感じた、第2次世界大戦の記憶にまつわる違和感、ズレが『永続敗戦論』（太田出版／2013年）を書く下敷きになったと言っても過言ではない。

だから、まずは、この話をプロローグにもってきた。では、次の章からは『永続敗戦論』の本題に入っていこう。

おすすめの関連本

『丸山眞男セレクション』

丸山眞男 著・杉田敦 編／平凡社ライブラリー
2010 年刊

「日本の権力の本質」を知るために、新刊書を読む必要はまったくない。それは、日本型ファシズムの分析によって名高い本書において、この上なく明快に描かれている。ただしこのことは、本書が指摘した「日本社会の病理」を私たちが全く乗り越えていないということを意味する。つまり、本書の「永遠の新しさ」こそは、私たちの不幸の根源だ。本書を過去のものにすること、このことに私たちの未来はかかっている。

『日本人の「戦争」
――古典と死生の間で』

河原宏 著／講談社学術文庫 2012 年刊

著者の河原宏は 1928 年生まれの日本政治思想史の研究者であり、2012 年に他界した。戦中派がまた一人、去って行った。河原は、「あの戦争」の意味を噛みしめ続けることによって、戦後日本において犬死に状態に捨て置かれた膨大な死者たちを、その状態から救い出そうとした。国体に関する本書の洞察は、極めて鋭利だ。それは、あの戦争で死ぬことを覚悟した人でなければ、果たせない仕事であった。

第1章

なぜ、「敗戦」ではなく「終戦」というのか

▲1945年8月15日、ラジオの前に集まって玉音放送を聴く人々（大阪駅付近で撮影）

すみません 昼間はいろいろ 教えてもらって 夜もこうして お時間もらって
いやいや こちらこそ日本からの 若者と楽しいひと時を すごせてうれしいよ
で 昼間言ってた 永続敗戦レジームって 何ですか？
お！ いきなり 直球だね
スミマセン こういう ヤツでして
いいんだよ
では 説明する前に ひとつ質問

8月15日って何の日だか知ってる？
そんなの常識ですよ終戦記念日
終戦記念日です
あははは だよね！
――でも私の答えはこうです…
8月15日は〝終戦日〟ではなく〝敗戦日〟
ド
つまり戦争に敗《ま》けた日だね

日本がアメリカやイギリス中国やソ連などの連合国に敗《ま》け無条件降伏をした日だ
敗けた…日ですか…
そう〝敗けた日〟だ
しかし日本では敗戦とは言わない
8月15日の今日は終戦記念日
あくまで終戦記念日
終戦記念日

――たしかに…
日本は負けたのだから
本当は敗戦記念日が
適切ですよね
でしょ？
――では
8月6日の広島や
8月9日の長崎に
原爆が落とされたのは
当然知ってるよね
それについて
どう思う？
核兵器は
あまりに残酷です
だから唯一の
被爆国である日本は
核のない世界の実現のために
努力するべきだと思います
――…
原爆によって
戦争が終わった
…かな

なるほど
〝原爆〟と言うと多くの人は
朋子ちゃんのように
「唯一の被爆国である日本は
いかなる形でも
核兵器にはかかわらない」
NO
核兵器
STOP
のような核廃絶の
発想に自動的に
なってしまうよね
「二度と他国から
核攻撃されなくてすむには
どうしたらいいか」
を思い浮かべない
もっと言えば
「他国から核攻撃されないよう
日本も核武装する」
ともならない
!?
ガタ
核兵器を
持つだなんて
許されないです
?
ソーリー

私…広島にも長崎にも行って
原爆資料館を見ましたけど
本当に残酷で…
人類はなんでこんなものを作ったんだろうと思いました
朋子ちゃん…
わかるよ
その気持ちはとっても大切だ
誤解を招かないよう言っておくが…私は日本が核武装すべきだとは決して思っていない
問題なのは――…

〝原爆を落とされたこと〟と
〝核兵器には一切かかわらない〟が
自動的に結びついてしまう思考回路だ
これは思考の衰弱だ
思考の…衰弱…?
そう

〝原爆を落とされた＝核兵器には一切かかわらない〟が直結する思考回路は
原爆を落とされた意味や責任を深く考えようとせずフタをしているのと同じだ
意味
責任
フタ？
原爆は天災ではない
日本は絶望的な敗《ま》け戦のはてにアメリカに原爆を落とされたのだよ言い換えれば…
原爆を落とされるような事態を招き寄せてしまう政府しか日本は持たなかったんだ…

――でもさっき話した フタをする思考回路が 機能するかぎり
そんな政府の責任や 核攻撃を受けた意味を 自覚することはない…
――…
…たしかに 原爆の悲惨さは学んでも なぜ？ どうして？ 落とされたかについては 深く考えたことは なかったわ…
だから私たち コペンハーゲンで あのとき とまどってしまったのね…

俺たちは絶対アメリカを許さない！
お前たちだってそうだろう？
原爆を落とされているんだからな
今度アメリカとやるときは一緒にやろう!!!

えぇぇ〜〜〜!? そんなことあるわけないじゃない アブナイ人〜
はは… ははは…
朋子… 彼はなんて言ったの？

原爆を落とした相手がアメリカということすら意識していなかった…

そんな私は運転手さんに何も言葉を返せず… ただアブナイ人と決めつけておしまい
恥ずかしい…
ではもうひとつ
政治家の靖国参拝についてはどう思う？

参拝すべきじゃないと思います
僕は――…お国のために戦って死んだ人だから祀《まつ》ることや参拝も悪くないと思います
中国や韓国などの他の国がとやかく言う問題じゃないと思います
なるほど！ならば悠樹くんに聞くが
同じだけの時が流れた敗戦国の日本とドイツ…

いまや EUの中核国という
地位を占めるようになった
ドイツに対し
いまだに
近隣諸国との間で
領土問題・歴史認識で軋轢《あつれき》を生み
アジアで指導的立場を
占めることができない日本…
マー
マー

この差は
なぜだと思う？
う～～ん…
私は
こう思うんだ
ドイツは首都ベルリンの
ど真ん中に
「お前たちは敗《ま》けた」
と書かれた巨大施設を
置き続けられ
それどころか
東西真っ二つに
国土を分断されて
しまった

これに対して 日本は戦争の指導者層であるA級戦犯を「神」として靖国神社に祀り
東京のど真ん中に堂々と置いている
しかも そこに参ることが政治家の公約になっている
私は靖国参拝を約束します!
国土分断に関しては沖縄が分断された時期もあったが
それに関しても無自覚…

その無自覚さが今の日本とドイツの差だと…？
私が思うにね
コクッ
つまり〝戦争に敗《ま》けた〟という事実を見続けてきたのがドイツだとしたら
日本は〝戦争に敗けた〟という事実から目をそらし続けた

そのとおり
永続敗戦のレジームを
理解するには
そのポイントが大事なんだ
日本は戦後にできた
〝敗戦〟という大荷物を
整理することなく
放置し続けた
敗戦
つまりは
〝敗戦の否認〟
敗戦の否認
ではどうして
敗戦から目をそらす
〝敗戦の否認〟の
必要があったと思う？

第1章
解説

日本のいたるところにある「敗戦の否認」を見つめる

解説・白井 聡

■「思考の衰弱」と「恥」の意識

33ページで朋子が答えたように、日本人の多くは、「唯一の被爆国である日本は」の言葉のあとには、ほぼ自動的に「いかなる形でも絶対に核兵器にかかわらない」と続く考え方に慣れきってしまっている。

しかし、本来ならこの言葉からは、2通りの結論を導き出せる。1つは公的に言われてきた「核兵器を絶対に拒絶する」というもの。もう1つは「二度と他国から核攻撃されないよう進んで核武装する」というものだ。こうした立場設定は、十分に考えうる。

例えばイスラエルでは、後者のような立場を国是としている。同国の国策は、「民族絶滅

原爆は天災ではない
日本は絶望的な敗《ま》け戦のはてにアメリカに原爆を落とされたのだよ言い換えれば…
原爆を落とされるような事態を招き寄せてしまう政府しか日本は持たなかったんだ…

▲原爆を落とされた政府の責任について考えることはあるだろうか

の危機（ホロコースト）の経験から、いかなる手段をもってしても民族の生き残りを図る」という方針だ。

誤解のないよう言っておくが、私自身は、マンガ中の高田と同様、日本は核武装すべきだとはまったく思っていない。問題は、「唯一の被爆国である日本は」のフレーズのあとに「いかなる形でも核兵器にかかわらない」といった言葉が自動的につながる「思考の衰弱」に疑問を呈したいのだ。

「唯一の被爆国」であることが強調され、それが「核兵器を絶対的に拒絶する」という命題へと自動的につながるかぎり、私たちは「二度と他国から核攻撃されないよう」ということを頭に思い浮かべなくて済む。これに対して、「二度と他国から核攻撃されないよう」という言葉は、すでに一度核攻撃を受けたことを否応なく思い起こさせる。

そう、この国は、かつて負け戦のはてに「核攻撃を受けた」のだ。

歴史研究が明らかにしてきたように、１９４５年８月、核兵器は、人種差別や人体実験、ソ連への牽制といった要因にも促される形で日本に対して使用された。私たち日本は、新兵器の実験台の道具にされた。ゆえに被爆体験は「悲惨の極致」であるとともに「恥辱の経験」でもあったはずだ。

しかし、現代の日本人は、原爆投下を「恥辱」と感じることはほぼない。本来、原爆投下を「恥辱」と感じることは、そのような事態を招き寄せてしまうような「恥ずかしい政府」しか日本は持ちえなかったことへの自覚へとつながるはずである。

一方、中国は違う。私は中国・北京の「中国人民抗日戦争記念館」を訪れたことがある。見学者が記入するノートを見て気づいたことがあった。

それは最も多く書きこまれた字が「恥」であったということ。多くの中国国民にとって、日本の侵略を受け、膨大な犠牲者を出したことは「怒り」以上に「恥」なのだ。

◀広島と長崎に落とされた原子爆弾（1945 年８月６日広島で撮影）

▲中国人民抗日戦争記念館（1997 年７月撮影）

■空襲の跡地で アメリカ人を歓待する日本人

もう1つ「恥」で思い出すことがある。今から10年以上前、新宿駅西口の「思い出横丁」で飲んでいたときのことだ。私は友人と2人酒を飲んでいた。戸口近くには、ジャンパーにゴマ塩頭の60代男性がむっつり顔で独り燗酒をあおっていた。そこに、戸口が開き白人青年2人が入ってきて、写真を撮らせてくれと店主に頼んだ。店主は許可を与え、2人が撮影していると、むっつり親父が「どこからきたの？」と尋ねた。

「アメリカ」と答えたとたん、むっつり親父の顔がゆるんだ。そのうえ「俺はなぁ、アメリカ

が大好きなんだよ。本当に大好きなんだ。握手してくれ」と打って変わって明るい表情で手を差し伸べたのだ。

　これを目にしたとき、私は強い不快感に襲われた。他の場所ならともかく、この場所にかぎっては、アメリカ人に対して無条件の好意を示すのにふさわしい場所ではあるまい。

　新宿駅西口の思い出横丁のルーツは、戦争直後の焼け跡・闇市だ。空襲で焼き尽くされたあとに生まれた闇市によって形成された町並みが、戦後の再開発の波を乗り越えて、今なお残存している。そんな、「東京がそこに生きる人々もろとも焼かれた」という歴史の証拠のど真ん中で、その焼いた張本人たちの末裔《まつえい》に対し、焼かれた立場の末裔が愛想を振りまく。だが、そんな光景は、東京大空襲の企画者、カーチス・ルメイに戦後勲一等旭日大綬章を授けた国にふさわしいものでもあるのだ。あの場所で愛想を振りまくのは、真の和解を達成したからではなく、敗北をほとんど完全に忘れているからこそ、できることと言えるだろう。負けた証拠のど真ん中で、負かした張本人に向かっても、なお思い出せない記憶。

　本来なら、そんなものはありえない。にもかかわらず、そうしたことがありえてしまうのは、東京を見舞った焼夷弾の雨が、巨大な台風か何か天災のようなものに脳内変換されているからであろう。

▲東京大空襲も天災ではない。敗戦濃厚の時期に、アメリカによって焼き尽くされたのだ（1945 年、新宿駅前で撮影）

つまり、意識としては「不可抗力の天災に遭遇しただけ」で、「戦争に負けていない」のだ。負けを認めない以上、反省の契機も抵抗の契機も、自己変革の契機も発生しようがない。

このむっつり親父は、特別、下劣な人間ではない。標準的な日本人だ。

しかし、だからこそ日本人は「敗戦の事実」を忘れていると思わされる出来事だった。「敗戦」を「終戦」と置き換えたように、あらゆるところで「敗戦の否認」は行われている。まずは、その事実を自覚すること。それこそが「永続敗戦」を理解するために、大切なことだ。

おすすめの関連本

『増補　八月十五日の神話
――終戦記念日のメディア学』

佐藤卓己 著／ちくま学芸文庫 2014 年刊

1945 年8月 15 日と言えば、日本の各所で、ラジオの前で悲嘆の涙にくれる人々の光景が即座に想起される。だが、あのとき、人々は皆本当にそのような振る舞いをしたのか、そしていつからあの光景が「国民の記憶」として定着したのか。佐藤卓己は、あの光景が自明視される過程が、「敗戦」が「終戦」へと意味変更される過程と一致することを示した。服喪が「敗戦の否認」へと転化したという本書の指摘は、極めて重要である。

『震災ゴジラ！
――戦後は破局へと回帰する』

佐藤健志 著／ VNC 2013 年刊

3・11 以降、私たちは何をやっているのか？佐藤健志は言う。「ゴジラが上陸したのだが手の打ちようがないので、これにカバーを被せて、そのカバーに《繁栄する日本》の映像を投射して喜んで眺めている」、と。これ以上正確な描写があるだろうか。『永続敗戦論』と同じく、本書は戦後日本の「敗北の否認」を論じた書である。否認が日本人の歴史意識にどれほど深く入り込んでいるか、知らなければならない。

第2章

「対米従属」で敗戦の責任を免れた人たち

▲占領軍最高司令官として厚木飛行場に降り立ったマッカーサー（1945年8月30日撮影）

翌日
チェックポイント
チャーリー＊
アメリカをリーダーとする自由主義陣営と
ソ連をリーダーとする共産主義陣営の間に生じた東西冷戦の遺物
ガイドブック
ドイツ編
第2次世界大戦後ドイツは国土を東西に分けられ首都ベルリンも東西に分断された
東ドイツ
西ドイツ
東ベルリン
西ベルリン
ベルリンの壁
西側を英米仏の連合軍東側をソ連が統治…

＊ドイツが東西に分断されていた時代、境界線上に置かれていた検問所

そして
東側から西側へ
脱出する人が急増
それを阻止するため
共産主義の東ドイツが
1961年に築いたのが
ベルリンの壁――
…か…
昨日の高田さんの話
衝撃だったね
う…
うん
日本が
続けてきた
敗戦の否認と…
その理由《わけ》…
それはね…
大東亜戦争*を
指揮していた人たちが
戦後も支配層に
とどまり続けるためには
〝敗戦の否認〟が
必要だったんだ

＊満州事変（1931 年〜）から太平洋戦争（1941 年〜）を含む 15 年間の戦争の当時の呼称

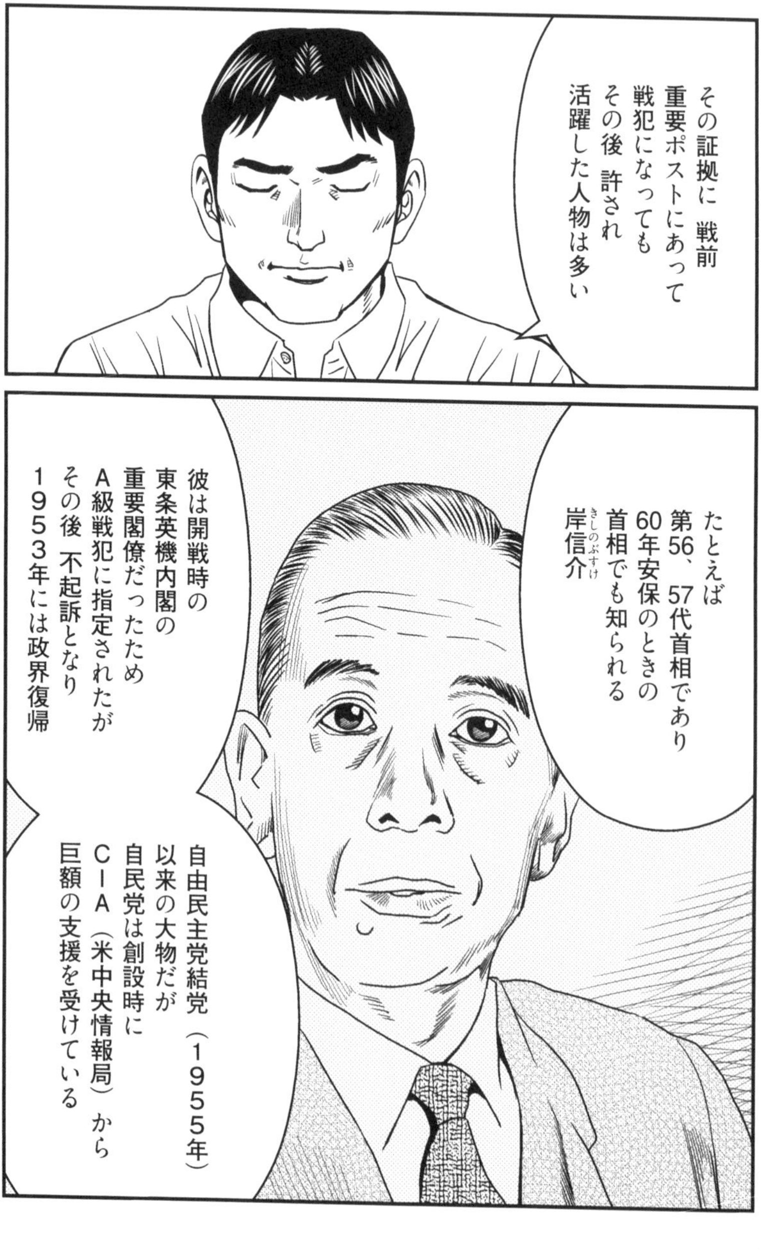
その証拠に 戦前重要ポストにあって戦犯になってもその後 許され活躍した人物は多い
たとえば第56、57代首相であり60年安保のときの首相でも知られる岸信介《きしのぶすけ》
彼は開戦時の東条英機内閣の重要閣僚だったためA級戦犯に指定されたがその後 不起訴となり1953年には政界復帰
自由民主党結党（1955年）以来の大物だが自民党は創設時にCIA（米中央情報局）から巨額の支援を受けている

正力松太郎《しょうりきまつたろう》
（１８８５～１９６９）
読売新聞中興の祖と言われる。太平洋戦争開戦時、大政翼賛会の総務だったため、Ａ級戦犯に指定されたが不起訴、釈放。

戦後
日本テレビ初代社長
初代の原子力委員長
科学技術庁長官などの
要職につく

賀屋興宣《かやおきのり》
（１８８９～１９７７）
東条内閣時の大蔵大臣だったため、Ａ級戦犯として終身刑を受け、約10年服役。

その後
政界復帰し　自民党
政調会長などを歴任
池田勇人内閣の
所得倍増計画に
関与する

服部卓四郎《はっとりたくしろう》
（１９０１～１９６０）
陸軍軍人で、開戦時、参謀本部作戦課に在籍。ガダルカナルなど多くの無謀な作戦立案にかかわる。

戦後　ＧＨＱ（連合国軍総司令部）の下で
太平洋戦争史を編纂《へんさん》
１９５０年創設された
警察予備隊（後の
自衛隊）の設置に尽力
＊1

内藤良一《ないとうりょういち》
（１９０６～１９８２）
陸軍軍医で、７３１部隊の部隊長だった石井四郎の右腕といわれている。

戦後　小児科医を経て
日本ブラッド・バンク
（後のミドリ十字）
を設立
＊2

＊1　服部は戦犯指名を受けておらず、公職追放もされていない
＊2　731 部隊は米軍に研究資料を渡す代わりに戦犯になるのを免れている

――…
なぜ
そんなことに
なったのですか
だいたい戦勝国の
アメリカが　そんなこと
許すはずがないのに…
そう思うだろう？
ところがどっこい
それを許した張本人こそが
アメリカなんだ
え!?

第2次世界大戦後 世界は 自由主義を掲げる アメリカ派と 共産主義を掲げる ソ連派の ふたつに 大きく割れた…
東西冷戦 ですね
ああ
アメリカは 負かして子分に従えた 日本が共産国と ならないためにも
自分たちにとって 都合のいい人物を 日本の主導権を握る ポストにつける 必要があったんだ
たとえ それが あの無謀な 戦争を指揮した 人物であっても

……
そんなこと あっていいの？
罪を犯した人が ちゃんと裁かれること なく また元の地位に つくなんて…
そうだね 道徳的に考えたら ダメだよね… けど戦後アメリカが 日本にとった処置が
道徳的に考えて いいことだったのか？ それとも 間違っていたのか？
なんて 議論自体が 無意味なんだ…
それは なぜか

国家《アメリカ》は自国《アメリカ》の国益のためにしか行動しないものだから…
ベルリン　ホロコースト記念碑

国家は自国の国益のためにしか行動しない…か
この場所に来るとよけいにその言葉の意味が深いね…
昭和天皇の責任問題も同じなんだね
僕は天皇が戦犯と見なされなかったのは＊マッカーサーが天皇の「私はどうなってもいいから国民を助けてほしい」という〝無私の精神〟に感動したからだという話を信じていたけど
そのエピソードも全体の構造のごく一部だったんだね

＊ 1880 ～ 1964 年。日本を占領・統治した連合国軍総司令部（GHQ）の最高司令官

アメリカが日本占領やその後の支配戦略にとって有利と判断したから
天皇は戦争の罪も追及されなかったし退位もしなかった
けれど――もしもアメリカが〝有利ではない〟と判断していたなら
天皇に対するアメリカの対応はまったく違っていたのかもしれないのね

プチ右翼
高田さん言ってたもんな…マッカーサーや占領軍の〝天皇への敬愛〟が単なる打算にすぎないということを
理解できないのが戦後の右派（右翼）
プチ左翼
打算は理解していてもそれを道義的に「悪い」と評価しアメリカの行為が国家として当然の振るまいにすぎないということを
理解できないのが戦後の左派（左翼）だっけ…

つまり天皇制が維持されたことも
戦争責任が一握りの軍部指導者に限られたことも
アメリカにとって便利だったからか…
それと同じように戦勝国のアメリカの意向に沿う日本人（親米保守政治勢力）を支配層にとどめたんだね
これが〝対米従属構造〟
この人たちが 救い主のアメリカ様に頭が上がるわけがない

その支配層にとっては〝負けた責任〟を追及されては困る
だから それをごまかすために〝敗戦の否認〟が必要だった

そして その後も敗戦そのものを認識において巧みに隠してきたため
今にいたるまで日本人の大部分の歴史認識の構造が変化していない

変化していないから
対米従属構造も続く
敗戦を否認しているからこそ
際限のない対米従属構造を
続けなければならず
対米従属を続けているかぎり
敗戦を否認し続けることができる

これが永続敗戦レジーム《体制》だ
負けを認めないからダラダラと負け続ける
いまだに「戦後」じゃないのか
永続敗戦は戦争責任をごまかす「敗戦の否認」と「対米従属」で成り立っているレジーム…
でも これを戦勝国のアメリカのせいにはできないのよね

だって国家とはそういうものだから…
……
国家《アメリカ》は自国《アメリカ》の国益のためにのみ動くのが基本
だからこれはその状況に甘んじている日本人の問題…
こうして胸に刻まれた何かを抱え僕たちの卒業旅行は幕を閉じた

東西冷戦によって生まれた永続敗戦レジーム

解説・白井　聡

■日本占領時代の世界情勢とアメリカの思惑

なぜ、第1章で語ったような「敗戦の否認」が必要だったのか。それは、結論から言うと、あの大惨敗、完膚無きまでにたたきつぶされた太平洋戦争（より正確に言えば大東亜戦争の約15年間）の日本を指導していた人たちが戦後もその地位にとどまり続けるためだった。ではなぜ、あの無謀な戦いを始め、多くの人々を死に追いやった指導者たちが、責任を追及されることなく、許されるという暴挙が可能となったのか。順を追って説明したい。

１９４５年8月、ポツダム宣言を受け入れ、日本は敗戦。これを受けて、連合国（実質的には米軍）は日本を占領した。その間、日本の軍部は解体され、大東亜戦争を指導した人たちは、国際法廷にかけられた。これが極東国際軍事裁判（東京裁判）である。また、46年か

1945年	敗戦（ポツダム宣言受諾）、GHQの占領開始、戦前の政治犯の釈放、女性の参政権、財閥解体、農地解放開始
1946年	天皇の人間宣言、公職追放開始、東京裁判開始、日本国憲法公布、チャーチルの「鉄のカーテン」発言による冷戦の幕開け
1947年	日本国憲法施行、「逆コース」開始
1948年	東京裁判判決、一部A級戦犯の釈放、ソ連によるベルリン封鎖開始
1949年	中華人民共和国成立
1950年	レッド・パージ開始、警察予備隊創設、朝鮮戦争勃発
1951年	サンフランシスコ講和条約、日米安全保障条約調印

▲日本占領中の主な出来事（傍線部は世界情勢）

らは、「公職追放」も始まった。戦中政府や民間の要職にいて戦争に積極協力した人たちが公職から追放される一方、戦前戦中は獄につながれた政治犯は釈放された。農地解放と財閥解体も行われ、新憲法が制定された。この一連の動きがアメリカによる「占領改革」であり、民主主義の促進と脱軍国主義化が図られた。

だが、その方針は途中で大転換した。敗戦直後からアメリカを盟主とする自由主義陣営VSソ連を盟主とする共産主義陣営の対立が激化したからだ。49年には中国で共産党政権が成立、50年には朝鮮戦争が勃発するなど、冷戦構造はますます緊迫化。こうした世界情勢を背景として、日本を何が何でも自由主義陣営にとどめておきたいアメリカは、民主化よりも、日本を反共国家化することを優先するようになる。この転換を「逆コース」と呼ぶ。
この方針に従い、アメリカは戦後日本を統治する勢力として、戦前からの保守支配勢力を選んだのだ。彼らの多くが元ファシスト勢力である。しかし、背に腹は代えられない。親共的な左翼勢力に統治を任せたら、日本はソ連陣営に走ってしまうかもしれない。そう判断した結果だった。こうして、戦前の支配層・保守勢力はアメリカの許しと援助を得て、再びその地位に戻ることができた。

その代表例が、安倍晋三の祖父、岸信介だ。A級戦犯として死刑になる可能性もあった岸が「このまま米ソが対立すれば望みがある」と日記に記していたのは有名な話だ。A級戦犯であっても、再び権力の座に戻れたのだからほかは推して知るべし、である。政官学財マスコミの世界で、数多くの指導者層が追放解除され、再び地位を得た。彼らが復権を遂げる一方、「親ソ」の疑いを掛けられた人々は公職から追放を受けた（レッド・パージ）。

だから、保守支配勢力が「対米従属」になるのは当たり前と言える。アメリカの許しによって立場を得たのだから。そして、日本を敗戦に導いた連中が戦後もそのまま支配層にとどまったという意味で、なんら政体は変わっていないと言える。だから、敗戦の事実を彼らはなるべく曖昧化したい。敗戦の事実を直視することは、すなわち敗戦の責任を追及される

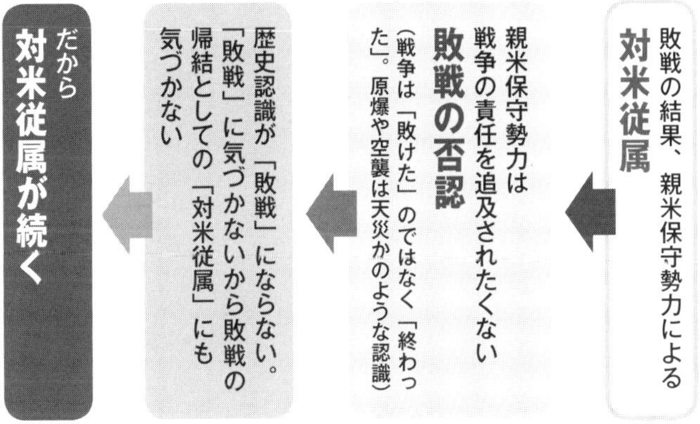

敗戦の結果、親米保守勢力による
対米従属
親米保守勢力は
戦争の責任を追及されたくない
敗戦の否認
（戦争は「敗けた」のではなく「終わった」。原爆や空襲は天災かのような認識）
歴史認識が「敗戦」にならない。
「敗戦」に気づかないから敗戦の
帰結としての「対米従属」にも
気づかない
だから
対米従属が続く

▲永続敗戦レジームの構図

こととイコールだからだ。そのために「敗戦の否認」が必要だったのだ。

敗戦の帰結としての「対米従属」構造がある一方で、敗戦そのものを認識において巧みに隠蔽（＝否定）してきたがゆえに日本人の大部分の歴史認識・歴史的意識が「敗《ま》けたのではなく終わった」のまま変化していない。敗戦の事実から目をそらし続けている。だから、敗戦の帰結である「対米従属」構造に気づかない。敗戦は二重化された構造をなしつつ継続している。

無論、「対米従属」と「敗戦の否認」は相互を補完する関係になる。敗戦を否認しているがゆえに、際限のない対米従属を続けなければならず、深い対米従属を続けているかぎり、敗戦を否認し続けることができる。このような状況を、私は「永続敗戦」

と呼ぶ。

■右翼も左翼も共有してきた「敗戦の否認」

戦後、左右の論陣の間で、頻繁に議論されるテーマがある。「東京裁判」「平和憲法」「天皇制」の3点だ。この3点における左右の主張を整理すると、左上図のようなものである。

右派にとってみれば、東京裁判は、「勝者の裁き」であって不当、平和憲法は押し付け、天皇制の存続はマッカーサーが昭和天皇の「無私の精神」に感激したためで当然、となる。

左派にとってみれば、東京裁判は基本的に対英米戦における「罪」を追及したものにすぎず不徹底、平和憲法は先進的理念を世界に先駆けて体現したものであり護られるべき、天皇への責任追及の放棄は戦後民主化改革の不完全さの表れ、ということになる。

だが、これも「対米従属」という観点からみると、左右の論陣ともに無意味であったと言えよう。マンガの中でも述べたが、これらの議論が多くの場合、「道徳」や「道義」の言語によって行われてきたからだ。国家戦略を「道義」の観点から語ること、それ自体が無意味なのだ。

	左	右
東京裁判	対英米戦争における「罪」を追及しただけで不徹底	「勝者の裁き」であって、不当
平和憲法	先進的理念を世界に先駆けて体現したので護持	GHQによる押し付け
天皇制	戦後民主化改革の不完全さの表れ	マッカーサーが昭和天皇の「無私の精神」に感激したためだから、存続は当然

▲戦後、主なテーマにおける左右の議論の違い

アメリカの戦後の対日政策は、道義でも善意でも悪意でもなく、アメリカの国益追求と国内事情によって規定されていた。ある国家が他国を手段として扱うことは、国家の論理においては、当然の行為である。

にもかかわらず、アメリカの対日政策に関する議論は、左右いずれにおいても、あまりにしばしば、「道義」をめぐって闘わされてきた。問題は、なぜ議論が、八百屋で魚を求めるような筋違いのものになってしまうのかということ、議論をそのような方向へと誘導してしまう心性が何であるのか、ということだ。

実はそこにも、「敗戦の否認」がある。なぜなら、占領の方針がアメリカの国益追求に基づくものであったという単純な事実が見えないとすれば、それは敗戦の結果――他国によって手段化される――を見据えていない証拠であるからだ。

おすすめの関連本

『日本テレビとＣＩＡ
――発掘された「正力ファイル」』

有馬哲夫 著／宝島 SUGOI 文庫 2011 年刊

有馬哲夫は公開された CIA 資料の調査を進め、戦後史研究の新領域を次々開拓している。著書多数だが、一つに絞るならば、警察官僚から「読売新聞」経営者となり、戦後日本テレビを設立、国会議員も務めた正力松太郎を扱った本書を挙げる。登場する日本側人物と「知日派」米国人たちは、戦後日本の初期設計をしてゆく。その過程は「逆コース」と呼ばれてきたものにほかならないが、その実相解明は始まったばかりだ。

『アメリカの影』

加藤典洋 著／講談社文芸文庫 2009 年刊

江藤淳の占領史研究や田中康夫の『なんとなく、クリスタル』を批評し、バブル景気に沸く時代の日本に深い「みじめさ」を見出した本書は、3・11 原発事故によって、黙示録的な予言の書となった。1945 年、国は破れども、そこにはまだ「山河」があった。高度成長以降、戻るべき故郷としての自然は荒廃し、いまや放射能によって汚染されている。この情けなさ、みじめさを正面から受け止めるところから始めなければならない。

第3章

永続敗戦レジームの中の平和と繁栄

▲東京五輪開催の年に開通した東海道新幹線と聖火リレー隊 （1964年10月7日、有楽町駅付近で撮影）

W大 キャンパス
韓国人は
これだから
困るんだよな！
!?
——ったく
頭くるぜ!!
山内…
何が起きたの？
テニスサークルの
1年にいた
キム・リナさんって子が
3年の倉田くんに
振られたみたいで
春合宿ドタキャンしたの

振られたショックで合宿に来られなくなったみたい
そしたら山内くん「合宿の旅行代金どうしてくれるー!」って
それはまぁわかるんだけど
また 山内くんのネトウヨが始まっちゃって…
ドタキャンに韓国人も日本人もないのに「韓国人はこれだから!」とかヘイト発言がすごいのよ
リナは韓国人だからあんなことできるんだよ
人種は関係ないじゃんねー
旅行代金はたしかに困るよね
ドタキャンはツライよ…
でもまぁ テニスサークルで男女のもつれってよくあることだからなぁ
元会計係
なぜ人って国籍だけで決めつけて あんな口の利きかたになっちゃうときがあるんだろ差別にしか聞こえない
山内くんだって普段はとてもいい人なのに

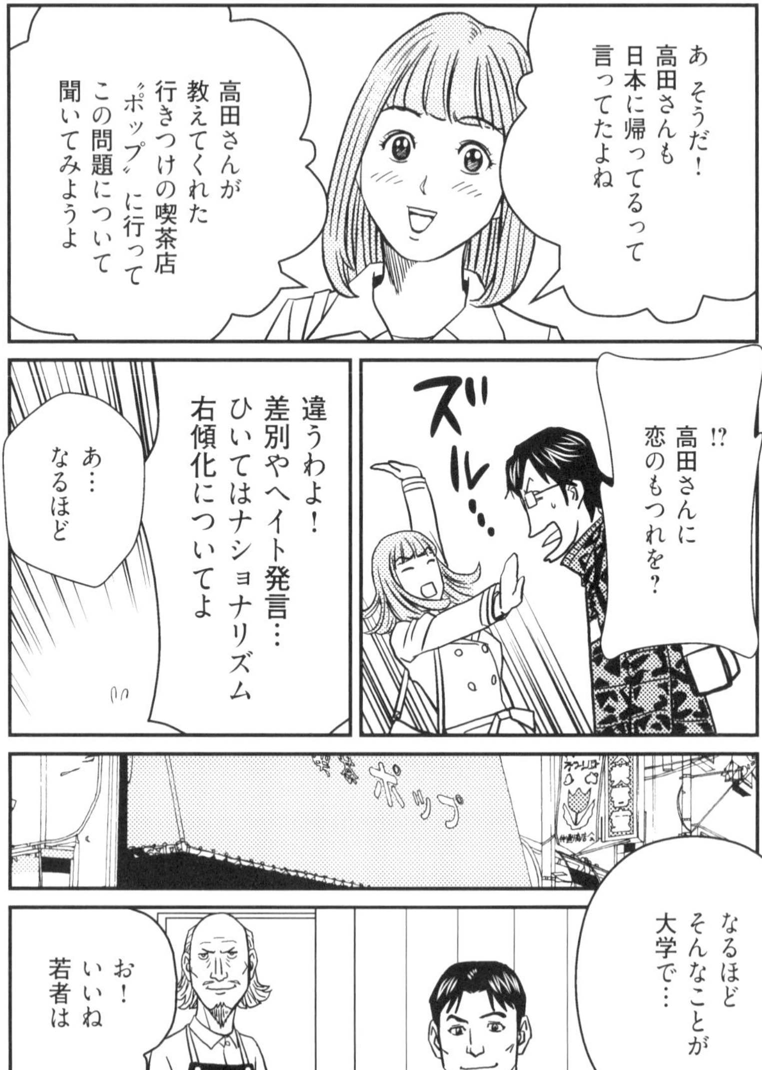
あ　そうだ！
高田さんも
日本に帰ってるって
言ってたよね
高田さんが
教えてくれた
行きつけの喫茶店
〝ポップ〟に行って
この問題について
聞いてみようよ
!?
高田さんに
恋のもつれを？
ズル…
違うわよ！
差別やヘイト発言…
ひいてはナショナリズム
右傾化についてよ
あ…
なるほど
ポップ
なるほど
そんなことが
大学で…
お！
いいね
若者は
ポップ

永続敗戦レジームの話は
ベルリンで会ったときに
したよね
はい！
あれからすすめられた
本を読んだり
ふたりで勉強しました
その永続敗戦レジームが
右傾化やヘイト発言にも
関係あるんだ
じゃあ 質問
永続敗戦レジームが
戦後 維持できた要因が
何なのかわかるかな？
冷戦構造
お！
正解
そのサークルの女の子の母国
韓国では 冷戦時代
軍事政権が長きにわたって
続いていたのは
知っているかい？
なんとなく ですが
知っています
最近まで韓国は
民主主義が
なかったんですよね

そうだね　韓国で議会制民主主義が根付くのは１９８０年代後半
隣国の台湾もね遅かった
一党独裁が終わったのは１９９６年
なぜ　韓国にしろ台湾にしろ威圧的で暴力的な政治体制が続いたんだと思う？
…わかりません
これらの地域が冷戦構造の真の最前線だったからだ
共産圏
韓国
台湾

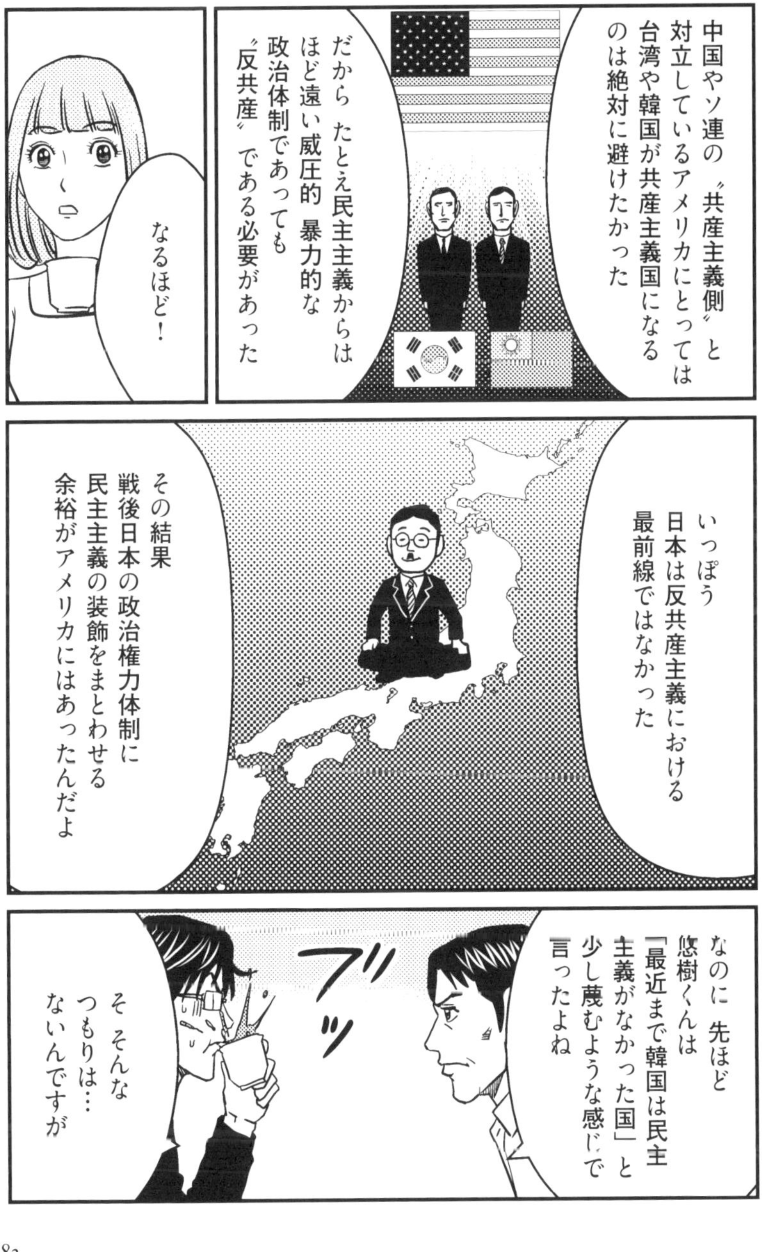
中国やソ連の〝共産主義側〟と対立しているアメリカにとっては台湾や韓国が共産主義国になるのは絶対に避けたかった
だから たとえ民主主義からはほど遠い威圧的 暴力的な政治体制であっても〝反共産〟である必要があった
なるほど!
いっぽう日本は反共産主義における最前線ではなかった
その結果 戦後日本の政治権力体制に民主主義の装飾をまとわせる余裕がアメリカにはあったんだよ
なのに 先ほど悠樹くんは「最近まで韓国は民主主義がなかった国」と少し蔑むような感じで言ったよね
ブッ
そ そんなつもりは…ないんですが

いや責めている
つもりはないんだよ
そういう人が日本では
まだまだ多いはず
ただね もし
朝鮮戦争で北側が
完全勝利していたら
日本はどうなって
いたと思う?
!!
…日本が反共産の
本当の最前線に
なっていた
そうだね
東アジア政治史研究家の
*ブルース・カミングスは
こう言ってるんだ
朝鮮半島がすべて共産化したと
仮定した場合には 日本の戦後
民主主義が生きつづけられたか
どうかも疑わしい
(『歴史としての戦後日本(上)』から)

* 1943年生まれ。米コロンビア大大学院で東アジア史を専攻。朝鮮現代史研究で有名

日本に軍事独裁政権が成立していても不思議ではなかったんだ
だから 戦後日本の民主主義は 偶然恵まれた地政学的余裕によって成り立ったものなんだよ
しかもそれはアメリカの国益追求に沿ったものとして初期設計されたにすぎない
……
そういう意味で韓国・台湾の軍事独裁政権と変わらないんだ
そうか…どちらもアメリカの対アジア戦略の産物…なんですね
なのにそれもわからず韓国や台湾を「最近まで民主主義がなかった遅れている国」と見下してたのか 僕は…

日本が反共産主義の最前線でなかったために日本が恩恵を受けていることがもうひとつあるんだ
なんだかわかるかい？
わかりません
豊かさだ
吉田茂*はサンフランシスコ講和会議でこう言っている
平和は繁栄を伴うものでありますしかし、繁栄なくしては、平和はありえないのであります

＊ 1878年～1967年。第45、48～51代首相

吉田茂が選んだ
軽武装・経済成長路線は
軍事費を抑制し
経済政策に重点を
置くことによって
豊かさを実現し
経済
武装
極力 戦争に
かかわらないように
してきたんだ
金持ち
ケンカせず！
ですものね
ははは
そうだね
でも 戦後日本が戦争と
無関係だったわけじゃない
日本はアジアでの戦争を
経済発展の好機として
利用してきたとも言えるんだ
朝鮮戦争（1950〜1953年）
ベトナム戦争（1960〜1975年）
と 日本の高度経済成長は
切っても切れないんだ

俺が生まれた
1950年からの
朝鮮戦争による朝鮮特需で
戦後の日本経済は復活した
ポップ
1950年代半ばから
73年のオイルショック
までの高度経済成長は
ベトナム戦争にも
助けられていた
で 68年には西ドイツを
抜きGNP（国民総生産）
世界2位にまでなった
あのころは
スゴかった
ポップ
アジアでの戦争を糧に
成長したという
こと…ですか

そうだ 日本は自由主義陣営の 一員として奇跡とも言える 経済成長を果たした
そしてアジア地域における 傑出した経済的優位をバックに 〝勝者〟の立場に立ったんだ
アジアで一番の 金持ちになったことで 上に立った気でいるんだよ
たまたま冷戦構造の 最前線が韓国・台湾になった という偶然に助けられた 要素も大きいのに
それを忘れて 自分ひとりの力で 成功したような 気になってやがる！
さ 佐藤さん まぁまぁ
ポップ
俺にこのへん 語らせたら うるさいよ

そうか　冷戦下
経済成長をとげ
豊かになったことで
日本は勝者の立場に立ち
戦前と同じように
韓国や中国などを
下に見る土壌が
生き残ったのね…
それが山内くんのような
ナショナリズム発言
ヘイト発言につながる―
あいつらには負けてない
むしろ日本は戦後
民主国家をつくり
奇跡の経済成長をとげた
数段上の国だって…
でもね
その経済成長も　民主主義も
そもそもアメリカと
対米従属の日本人たちが
築いたレジームの中での
ものにすぎないんだ

そうか戦後日本の平和と繁栄は
平和
繁栄
永続敗戦レジームの中の平和と繁栄にすぎない——のか
そう そして冷戦下で平和と繁栄を実現したことは永続敗戦レジームを維持する役割も果たした
さらに 親米保守派は〝冷戦の勝者〟になることで〝第2次世界大戦の敗者〟であったことを覆い隠せたこれもある種の〝敗戦の否認〟だ
ここでも〝敗戦の否認〟が出てくるのね
歴史を直視していないということね

歴史を直視してないからアジアの諸国から信頼されず信頼されないからアジアで孤立し　ますますアメリカに頼って言いなりになる
すなわち
「永続敗戦」
「対米従属」ということはアメリカに主権を奪われていることだ
そのストレスが
アジアでの強気に出るんだよ
親米保守やナショナリストたちの間ではな！
ポップ
そうか
敗戦を認めないし戦後日本の平和と繁栄はどういった背景で実現したかをわかっていない

わかって いないから…
ヘイトや安易な ナショナリズムに なるのね
よし 悠くん 今夜 山内くんと この話をしてみよう！
えぇ～～～っ 大丈夫？ ケンカしない？
あはは いいんじゃないかな 学ぶこと 議論することは 大切だ
そうだ 若者よ もっと考えろ！ 熱く生きろ！

永続敗戦レジームが継続した要因とは

解説・白井　聡

■日本を経済大国にならしめた地政学的余裕

戦後、アメリカの世界戦略にかなう形で保守勢力が誕生し、それゆえに「対米従属」の構造が生まれ、「敗戦の否認」が行われたのは、第2章までで解説してきた。

では、この永続敗戦レジームはどのようにして確立され、なぜ、長きにわたって継続してきたのか。その最大の原動力は、戦後日本経済の成功であり、それによって確立されたアジア地域における日本の突出した経済力だろう。

戦後の日本は、一方で絶対的な平和主義を憲法上規定しながら、他方で戦争をうまく利用するというダブルスタンダードを駆使してきた。具体的には、朝鮮戦争（１９５０～１９５３年）、ベトナム戦争（１９６０～１９７５年）など、アメリカのアジアでの戦争を

でも　戦後日本が戦争と
無関係だったわけじゃない
日本はアジアでの戦争を
経済発展の好機として
利用してきたとも言えるんだ
朝鮮戦争（1950～1953年）
ベトナム戦争（1960～1975年）
と　日本の高度経済成長は
切っても切れないんだ

▲アジアでの戦争なくして、日本の経済成長はなかった

経済発展の好機として利用してきたことが挙げられる。また、「非核三原則」を国是としながらアメリカによる核の傘の存在を自明の前提としてきた。

　奇跡といわれる経済発展の実現には、もちろん日本人の才気や努力も貢献した。だが、マンガの中で高田や佐藤が説明したように、平和と繁栄を謳歌《おうか》したことが、永続敗戦レジームを確固たるものとしたことも、事実と言える。

　経済復興から高度成長、そしてついには経済大国化を実現したことで、日本人は圧倒的な経済的優位の獲得によって敗北から回復し、「日本は負けていない」という歴史感覚を醸成させていった。驚異的な経済的成功が

「敗戦」を意識の彼方へと追いやったのだ。

しかも、この「豊かな日本」は、議会制民主主義の体裁を一応整えることができた。だがこれは、日本が冷戦の本当の最前線ではなかったという地政学的余裕のために、可能となったにすぎない。東アジアにおける冷戦の真の最前線は台湾であり韓国であった。マンガの中で高田が悠樹と朋子に問うたこと、「もしも、朝鮮戦争（50〜53年）で北側が完全勝利を収めていたら、戦後日本はどのような国家体制をとっていただろうか」を想像してみてほしい。

その場合、沖縄以外の日本本土が享受してきた地政学的余裕は消え、本土が冷戦の真の最前線になっていた。その場合、吉田茂が主導した軽武装路線はとうてい維持できず、旧軍国主義支配勢力の復権がより一層露骨に行われただろう。言論や結社の自由を厳しく抑圧する軍事独裁政権が成立したとしても不思議ではなかった。これは、戦後の東アジアにおける親米諸国（韓国・台湾など）で、権威主義的で暴力的な反共政権が長きにわたって統治していた事実をみればあきらかだ（82ページ参照）。

このように見れば、戦後日本が享受してきた平和や繁栄、民主主義は、偶然の産物である地政学的余裕によって成立可能となった、言い換えれば、冷戦の真の最前線を他国に押し付けることによって可能となったことがわかる。

東アジア政治史研究家の*ブルース・カミングスはこう言ってるんだ
朝鮮半島がすべて共産化したと仮定した場合には 日本の戦後民主主義が生きつづけられたかどうかも疑わしい
(『歴史としての戦後日本(上)』から)

▲日本の民主主義は地政学的余裕によって存在可能であった

■沖縄は、永続敗戦レジームの外に置かれた

ただ、日本のなかで唯一、沖縄だけが、「永続敗戦レジームの中での平和と繁栄の謳歌」という構図に当てはまらない。沖縄は戦略的重要性から冷戦の真の最前線に位置づけられたために米軍基地が集中し、返還以前はもちろん返還後も暴力的支配が日常的に横行してきた。今日の辺野古《へのこ》新基地建設問題は、その延長線上にある。

2009年、民主党へ政権交代した当初、有権者の圧倒的な支持で成立した鳩山政権だが、普天間《ふてんま》基地移設問題で、わずか8カ月半で退陣に追い込まれる。この出来事を「アメリカの圧力によって倒れた」と言っても、陰謀論には当たらないだろう。大局的な構図から見れば、首相が「基地の県外移設」という〝沖縄の民意〟を尊重しようとしたものの、アメリカの国家意思と衝突して挫折した、ととれるからだ。

退陣劇を通して露呈したのは、この国では、選挙による国民の支持を大部分取り付けている首相でも、「日本国民の要望」と「米国の要望」とのどちらかをとり、どちらかを捨てなければいけない、という二者択一を迫られた場合、後者をとらざるをえない、という構造だ。言い換えれば、日本の主権は大幅に制約されていると言える。つまりいまだに「敗戦後の状況から抜け出せておらず、主権が回復していない」という事実が明るみに出た。

しかし、主要メディアはどれひとつとしてこの厳しい事実に向き合おうとせず、「首相の個人的資質」をひたすらあげつらい、「敗戦」から目をそらした。ここにも「敗戦の否認」がある。

また、この件は、日本の「戦後民主主義」の根本的構造をも明るみに出した。

日本は、議会制民主主義の体制をとっており、政権交代はいつでも可能だ。しかし、明らかになったのは、この政権交代は「実質的に政権交代ではないかぎりにおいて許容される」という事実だ。逆に言えば、「対米従属」の政権でなければ、許容されない。

そうか
戦後日本の
平和と繁栄は
平和
繁栄
永続敗戦レジームの中の
平和と繁栄にすぎない――のか

▲戦後日本の平和と繁栄は、自ら勝ち取ったものとは言えない

つまり、戦後65年たっても日本には民主主義はなく、主権も制約されており、いまだ独立を果たしておらず、敗戦状態のままという現実が、沖縄の基地問題を通して明らかになったのだ。そして、なお悪いことには、政官財学メディアは、これらの事実に光が当たらないよう、全力を傾けてきた。従属は自発的なのだ。

今日、沖縄県が日本で最も先鋭な永続敗戦レジームへの批判者となり、政治的に先進的な地域となっているのは、同地がこのレジームの外部に位置するからにほかならない。翁長《おなが》雄志《たけし》沖縄県知事の掲げる「オール沖縄」というスローガンは、「県民一丸となって永続敗戦レジームを拒絶する」という姿勢の提示である。

おすすめの関連本

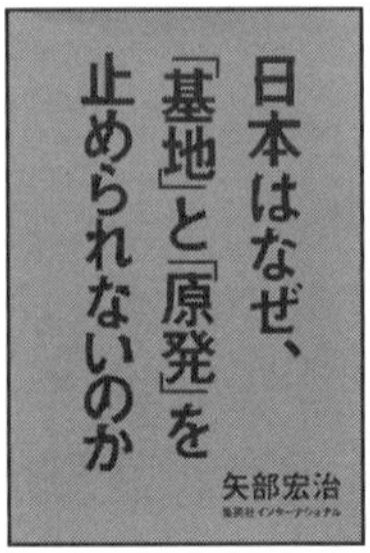

『日本はなぜ、「基地」と「原発」を止められないのか』

矢部宏治 著／集英社インターナショナル
2014 年刊

日米関係の本質とは何なのか、最も平易で説得的にそれを描き出した書物こそ本書である。なぜ、多くの国民が嫌がっているのに米軍基地も原発もやめられないのか。端的に言えば、戦後の日本政府とは米国政府の傀儡《かいらい》であり、日本国民の利益よりも米国政府の意向を優先せざるを得ないからである。本書の重みは、日本政府の傀儡性を、公開資料・史料に基づいて徹底的かつ平易な形で明るみに出した点にある。

『英霊の聲』

三島由紀夫 著／河出文庫 2005 年刊

戦後、「昭和天皇の戦争責任」をめぐって最も筋の通った批判を展開したのは、三島由紀夫だったのではないだろうか。「などてすめろぎは人間《ひと》となりたまひし」。2・26 事件の青年将校たちに仮託して、三島は、あの戦争での敗北をごまかすことで「平和と繁栄、民主主義」を享受する戦後日本とその首領を撃った。彼の自決は、言うなれば壮絶な諫死《かんし》である。三島の呼び掛けに、私たちはまだ応えていない。

第4章

「繁栄」のほころび
――原発事故とTPP

▲2011年3月15日に水素爆発を起こした福島第一原発4号機の8カ月後の様子
(2011年11月12日撮影)

カラン
喫茶ポップ
またせたな
悠樹！
いや 今さっき
きたとこだよ
崇《たかし》
フー…
4月から院1年だから
そろそろ就職活動のことも
考えないと だよなぁ
どうしようか
俺 優柔不断だから
迷いそう
お前は決めてるの？
うう〜ん それなんだよね
いま悩んでいるの
昔は電力会社で働けたら
なーと思ってたんだ
俺の実家の福井って
原発が多いんだよ
だから
「原発は未来のエネルギー」
とか思っていて
しかも電力会社って
安定してるし
給料もいいし
でも3・11の福島の
事故で その気持ちが
ゆらいでしまって…

――わかるよ　3・11は
インパクトでかかった
からなぁ
もし福井で起きていたらと
考えると　なんだかちょっと　さ
だけど　俺が戸惑っているうちにも
いろいろ進んでいくんだよなぁ
溶け落ちた核燃料の
ありかもわからない
使用済み燃料の取り出しの
めども立ってないのに
「収束宣言」されるし
東京五輪決定のときなんて
「アンダーコントロール」と
言ってたけど　そんなのまったく
ウソだったしな

復興予算の流用問題にもア然としたなぁ
官僚たちに各省の予算の取り合いに利用され復興とはまったく関係のないところに使われて…
なんだろうな"福島原発の事故はこの国の最優先課題であるか?"ときかれたら
たぶん どの政治家 官僚 関係者たちも みんな「イエス」と言うと思う
でも 組織全体の意思となると「イエス」じゃないなんて…
それが戦前と同じ〈無責任の体系〉なんだよ
コッ
お冷ね
佐藤さん…〈無責任の体系〉って…?
戦前と何の関係が……?

あの戦争の時
アメリカと戦争すれば
必ず負けると各界の権力者・
識者のほぼ全員が思っていたんだ
〝国力の差は
あきらか〟だって
なのに
なんで⁉
だろう？
なのに日本は戦争を
始めたんだ
一人ひとりにきいたら
「無謀だ」ってことでも
組織全体の意思となると
「やる」になってしまう
NO
YES
責任のありかも
あいまいなままに太平洋戦争に
突っ込んでいった
それが〈無責任の体系〉

これがいまだに生きてやがる
原発政策も同じだ
たとえば
核燃料サイクル計画
高速増殖炉も再処理工場も
何ひとつまともに動いたことがない だから
関係者の誰ひとりとして
本心ではうまくいくとは
思っていないだろう
核廃棄物の処分方法も
決まっていない
なのに原発「推進」に
舵《かじ》をきってしまう
これは 今から70年前
戦争で
300万人もの
国民の命を奪ったのと
同じ構造だ！
ポップ
カラン
!!
ポップ
あれ マスター 相変わらず
元気に話してますね
おや 悠樹くんもきてたんだ

あ 高田さん
こんにちは
こいつは 吉川崇
僕の大学の同級生です
はじめまして
吉川崇と言います
お噂は悠樹からよく
聞いてます
どうも
ポップ
4月から院1年なので
ふたりで就職どうしようか
という話をしてたら原発事故の
話になって…
なるほどなぁ
福島原発事故でも
〈無責任の体系〉はまだ
生きているよなぁ
…しかし 今もまだ
反対の声のほうが大きいのに
「再稼働」ありきで物事が
進んでる感じにわだかまり
があって…
この問題でもやっぱり
〝永続敗戦レジーム〟が
関与してるんだよ

え？　どういうことですか？
永続敗戦レジームって？
あ…崇はそっからだよな
ゴニョゴニョ
フムフム
対米従属と敗戦の否認…なるほど
たとえば　福島の事故が起きたとき　SPEEDI（緊急時迅速放射能影響予測ネットワークシステム）のデータが
国民に公表されなかったのに米軍にはしっかり提供されてたんだ
開発に30年以上費用は100億円以上かかったのにね
そんな…東京にいる僕たちだって不安だったのに
周辺の人たちはもっと不安だっただろうに…

〝再稼働ありき〟で進むのも無理はない
推進してきた連中にとってはシステムの維持だけが大事なのだから
あんなにひどい事故があったのに それよりも国民も反対しているのに〝システムの維持〟のほうが大事なのでしょうか…
ポイントはそんなシステムを維持することで現実的な利益を得る人たちがいるってことだ
現実的な利益？
利権…ですか

そうさ 原発だけじゃない 最大の利権が〝対米従属〟利権だ とにかく日米関係が大事だ
アメリカ様の言うとおりに しましょうって バカのひとつ覚えで叫んでいりゃあ 永続敗戦の構造を維持でき それによって成り立っている 政官財学メディアの各界に はりめぐらされた利権を得られる 要するに金と権力だよ
ここでも 対米従属 …なんですね
しかし この〝利権の構造〟は 一方で〝犠牲の構造〟になる
福島や沖縄… もしかしたら福井も…
そうだね そして就職活動を 前にした若者たちに 伝えておきたい ことがある

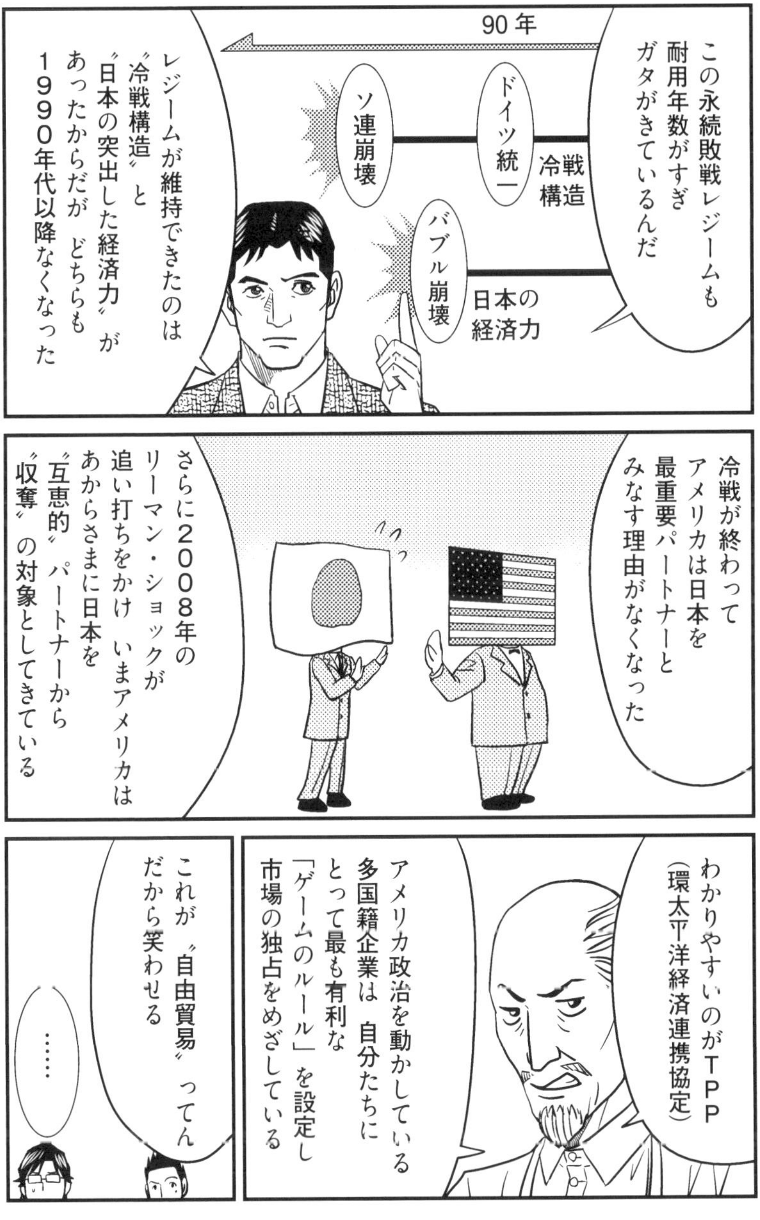
この永続敗戦レジームも耐用年数がすぎガタがきているんだ
90年
冷戦構造
ドイツ統一
ソ連崩壊
日本の経済力
バブル崩壊
レジームが維持できたのは〝冷戦構造〟と〝日本の突出した経済力〟があったからだが どちらも1990年代以降なくなった
冷戦が終わってアメリカは日本を最重要パートナーとみなす理由がなくなった
さらに2008年のリーマン・ショックが追い打ちをかけ いまアメリカはあからさまに日本を〝互恵的〟パートナーから〝収奪〟の対象としてきている
わかりやすいのがTPP（環太平洋経済連携協定）
アメリカ政治を動かしている多国籍企業は 自分たちにとって最も有利な「ゲームのルール」を設定し市場の独占をめざしている
これが〝自由貿易〟ってんだから笑わせる
……

たとえば遺伝子組み換え作物の問題 TPPで遺伝子組み換え作物禁止の撤廃を盛んに働きかけているのは同作物の生産で圧倒的なシェア（90％）を誇るモンサント社だ
モンサントは ベトナム戦争時「枯れ葉剤」を開発したことでも悪名高い
ポップ
近年では「種子の独占」を図る企業として世界的な批判にさらされている
モンサントは自分たちが開発した種を翌年播種《はしゅ》する行為を禁じた
さらには「*ターミネーター種子」を開発し農家が自家採取した種子の播種を物理的に封じようとしている
ポ プ

＊遺伝子組み換えによって種子が発芽しないよう作為的に改造された種子

その狙いは農家がモンサントから毎年種子を買い続けなければいけない状態に追い込むことだ
アメリカは自分たちに有利なルールを他国に押しつけて日本を含む世界中から収奪しようとしている
そして対米従属を続けてきた親米保守派の連中はそれに逆らえない！
なぜなら

彼らこそ
アメリカによって免罪されて
権力の座にとどまることが
できた連中の末裔《まつえい》だからだ
……
しかも こういう
連中にかぎって
「もっと愛国心を
もて!」などと
ほざきやがる!!

君たちに伝えたいのは
原発問題にしろTPPにしろ
永続敗戦レジームの支配層に
成り行きを委ねるならば
一部の人（主に親米保守）
が利権にあずかれる一方で
国民の多くが収奪される構造へと
変化していくということだ

この国で起きている
問題に正面から
取り組まないと
いけないのは
この国に住んでいる
僕たちだ

僕たちが当事者として責任を負わないなら　この国土はしゃぶりつくされたあと最終的には打ち捨てられるだろう
この国土に愛着をもつ〝僕たち〟こそがその自然を　その社会を死守する主体になるしかないんだ
つまり他人まかせであってはいけない無関心であってはいけない　と
そのとおりだ〝働く〟ことは　単に生活のお金を得る手段ではない
働くことを通して社会になんらかの貢献をすることでもあるならば――

社会について関心をもち主体的にかかわる必要があるんだ
就職活動の前にお話伺えてよかったです
ちゃんと考えてみようと思います
ポップ
あのよう　そろそろウチの売り上げにも貢献してくんねーかな
ガタ
ポップ
あ…まだ何も注文してなかったね…
わ…俺もだ

変化に対応できない日本の「失われた20年」

解説・白井 聡

■対米従属の利権と原発の利権

今日、永続敗戦レジームは、維持不可能なものとなっている。このレジームは、冷戦構造を背景として成立し、維持されてきた。その冷戦構造が崩壊したのは、今から25年も前のことだ。それにもかかわらず、このレジームは清算されていない。だから、１９９０年代以降から今に至るまでの時代が「失われた20年」と呼ばれるのも、実に当然のことである。柱の抜けた建物に住んでいるのも同然の状態にあるのだから。

第４章では、「失われた20年」における「繁栄」のほころびをテーマとしている。

この間、繁栄の終焉《しゅうえん》が否めない社会情勢となってきていたが、とどめを刺したのは、東日本大震災とそれに伴う原発事故だろう。原発事故は、日本の経済発展を支え、国民の誇りと

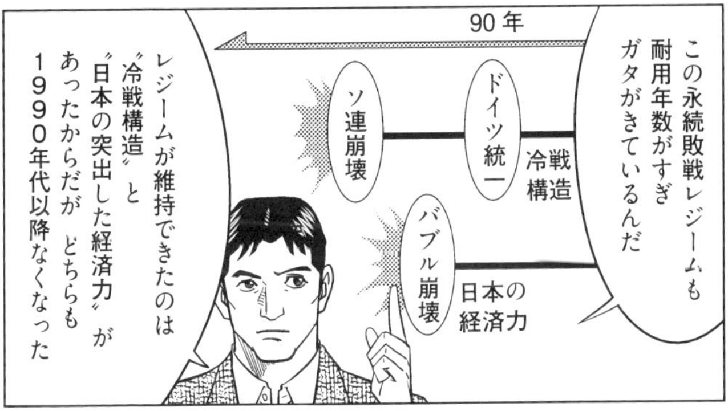
この永続敗戦レジームも
耐用年数がすぎ
ガタがきているんだ
90年
冷戦構造
ドイツ統一
ソ連崩壊
日本の経済力
バブル崩壊
レジームが維持できたのは
〝冷戦構造〟と
〝日本の突出した経済力〟が
あったからだが　どちらも
1990年代以降なくなった

▲1990年代以降、ガタがきている永続敗戦レジーム

なってきたハイテクノロジーに対する自負をも破壊した。また、経済成長を至上価値とする国土開発に対する疑問も生まれた。

結果、今なお多くの国民が「原発反対」の意思を持っている。しかし、12年に政権を取り戻した自民党は再び原発推進へと舵《かじ》をきっている。

それは、なぜか。ここでも永続敗戦レジームの歪《ゆが》みが見てとれる。

原発推進の構造と対米従属の構造はそっくりなのだ。これらの政策を追求する合理性が失われてもそれが止められないのは、関係者が、政官財学メディアの各界にはりめぐらされた利権の構造を維持したいためである。そして、既存の方針に異を唱える人物・勢力は徹底的に排除することが行われてきた。

その結果、対米従属や原発推進は、反論不可能の前提となり緊張感の喪失と思考停止が発生している。対米従属においては、当事者たちが自らの従属性を認識できないという状態までもが発生している。たとえば、第2次安倍内閣における国家安全保障局長兼内閣特別顧問（国家安全保障担当）で元外務次官の谷内《やち》正太郎は、発言の中で日米関係を「騎士と馬」になぞらえている（騎士＝アメリカ、馬＝日本）。まるで、ＳＭの奴隷のようである。

だが、彼らは倒錯者ではないのだろう。彼らにとってより実際的な利点、すなわち利権があるのだ。政官財学メディアの各界には、安保利権・対米従属利権が分厚く隅々まではりめぐらされている。思考停止した人たちがポストをはじめとする利権にあずかる一方で、自らの頭で考える人は排除される。原子力村と全く同じ構図である。

■「国民の利益」より「自己保身」の政治家

冷戦構造の崩壊で、アメリカにとっての日本は、アジアにおける無条件的な第一の同盟者ではなくなった。それゆえ、日本の対米従属一辺倒の方針は、決定的に合理性を失った。

そうさ　原発だけじゃない
最大の利権が〝対米従属〟利権だ
とにかく日米関係が大事だ
アメリカ様の言うとおりに
しましょうって
バカのひとつ覚えで叫んでいりゃあ
永続敗戦の構造を維持でき
それによって成り立っている
政官財学メディアの各界に
はりめぐらされた利権を得られる
要するに金と権力だよ

▲日本国民より、対米従属によるメリットが大事な人たちがいる

しかも、70年代以降、アメリカは長期的な衰退傾向にあり、その傾向は、リーマン・ショック以降さらに顕著だ。いまやアメリカにとっての日本は、無条件的に庇護《ひご》すべき対象ではないのだから、その位置づけは「援助すべき同盟者」から「収奪の対象」へと変わる。

これまでも、米経済は、新自由主義の導入と経済システム全体の金融バブル経済化、そして旧共産圏の市場のこじ開けなどによって延命を図ってきた。しかし、こうした努力も経済成長の鈍化を食い止めることはできず、限界に達したことを示すのが、2008年のリーマン・ショックだった。今話題となっているアメリカのTPP戦略は、この窮状から脱出するための戦略のひとつである。

多くの識者が指摘するように、アメリカによる露骨な帝国主義的策動がＴＰＰの枠組みに含まれている恐れは十分に存在する。それは、保険・医療・金融・農業といったあらゆる分野におけるアメリカ主導のルール設定と日本市場の獲得を目指すものだ。

ナオミ・クラインの『ショック・ドクトリン』やデヴィッド・ハーヴェイの諸著作（『新自由主義』が代表的）が明らかにしているように、低成長を運命づけられている新自由主義体制のなかでは、必然的にゼロサム・ゲーム的なパイの奪い合いが起こる。そこでは「身内」（同盟諸国の住民）から奪うという行為も当然選択肢のなかに含まれてくる。

ＴＰＰが標的とするのは、「非関税障壁」と呼ばれるものである。「非関税障壁」とは、各国独自の商慣行であったり、安全基準、税制、製品規格などだ。そこには市場参入したい「よそ者」にとって、ハードルとなるあらゆる制度・慣行が含まれうる。

ＴＰＰ推進勢力が「障壁」（邪魔なもの）と呼ぶさまざまな「ローカル・ルール」は、各国の伝統的習慣や価値観、国土の地理的条件、国民生活の安全への配慮といった合理的な動機によって決定されている。もちろん、それらの動機のうち、独占利潤を確保したいというエゴイスティックな動機が含まれている場合もある。

だが、多くの場合、合理的な動機と独占利潤への欲求をきれいに切り分けることはできな

君たちに伝えたいのは
原発問題にしろTPPにしろ
永続敗戦レジームの支配層に
成り行きを委ねるならば
一部の人（主に親米保守）
が利権にあずかれる一方で
国民の多くが収奪される構造へと
変化していくということだ

▲「他人まかせ」「無関心」では収奪される一方になっていく

い。「障壁（＝ローカル・ルール）」は、両方の動機によって支えられ、かつ両方の機能を果たしている。よって経済学的に不合理なものを排除すると、同時に、合理的な「障壁」をも破壊することになる。

それにもかかわらず、あらゆる「障壁」を根こそぎ取り払い、一元的な「グローバル・ルール」を設定し、それを強制しようという試みが今、進行しているわけである。

こうした流れに対して、日本の親米保守勢力は抵抗できない。なぜなら、繰り返し述べてきたとおり、彼らはアメリカの承認によって自らの対内的権力を維持してきたからである。彼らが、戦時中と同じく、国民を犠牲にして自己保身に血道をあげるとしても、何も不思議なことはない。

おすすめの関連本

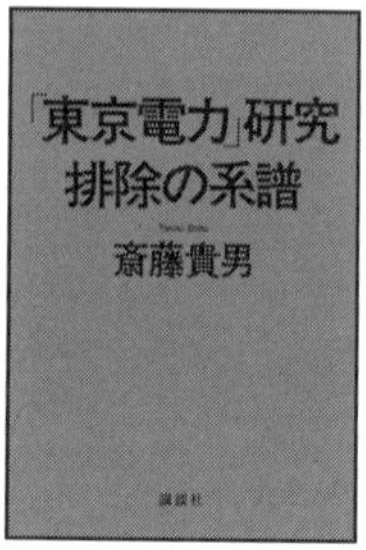

『「東京電力」研究 ——排除の系譜』

斎藤貴男 著／講談社 2012年刊

3・11をきっかけに、電力会社の権力がとてつもなく巨大であることを、私たちは思い知った。その権力は、単にそれが巨大企業であるという事実のみから生ずるのではない。保守論壇の形成、労働組合の支配、世論操作等のあらゆる手段を用いて、この権力は精密で巨大なものとなった。そしてそれは、長年の支配のなかで構造的に劣化し、腐臭を放つに至った。斎藤貴男はこの経緯を見事な手腕で解き明かしている。

『知事抹殺 ——つくられた福島県汚職事件』

佐藤栄佐久 著／平凡社 2009年刊

国策捜査によって政治生命を奪われた佐藤栄佐久元福島県知事による証言。何よりも興味を引くのは、東京電力・経済産業省との対立の経緯についての記述だ。「一県知事が国策に容喙《ようかい》するなど生意気にすぎる、潰してしまえ」。これが、この国の権力中枢の赤裸々な本音だ。この傲慢がやがて福島の悲劇を生み出すことになる。本書もまた、3・11とその後に起こることについての黙示録的予言書となってしまった。

第5章

「平和」のほころび
——尖閣諸島と北方領土

▲サンフランシスコ講和会議で演説する吉田茂首相（1951年9月8日撮影）

カラン
カラン
喫茶ポップ
!
ハ〜〜
ため息ついて どうしたんだい 若いのに
あ 高田さん
マスター ホット2つ
ん一この間 実家の佐賀に 帰省して 姉に会って きたんですよね
いらっしゃい 大きくなったでしょ この間 1歳になった のよ
かわいいー

そうね～ 和斗《かずと》が生まれてから この子が大きくなって戦争に行くような時代になっちゃうのかなって心配になるわ
…やっぱり母親としては不安だなぁ
そうだよね 戦争になって息子が戦地に…と考えたらお母さんとしては本当につらいもんなぁ
そうなんですよ！でも最近 集団的自衛権とか尖閣《せんかく》諸島問題とか武器輸出のこととかいろいろ不安なことがいっぱいあって
そうか 戦争の危機というときに一番気にかけなきゃいけないのは〝領土問題〟かもしれない
どうしてですか？

領土問題は 戦争の〝発火点〟に
なりやすいんだ
たとえば
イラン・イラク戦争
1980年に始まり
100万人以上もの死者を
出したこの戦争は
両国の国境線である
シャット・アルアラブ
川をめぐって火ぶたが
切られた
国境線は
川の岸なのか
真ん中なのか
というだけの理由で
〜〜〜…
そんなこと
だけで戦争が!?

もちろん背景として
もっと重要な
対立があった
でも　領土問題には
気をつけなければ
いけないんだ
ナショナリズムを最も
煽《あお》り立てやすい
テーマだから
領土問題といったときに
思い浮かぶのはどこかな？
尖閣諸島です！
そうだよね
中国漁船衝突事件以来
尖閣諸島は　一番ホットな
領土問題だ
うちの父も　最近
にわかに本を読んだり
古地図を見て
「尖閣は我が国のものだ」
と言っています

はは！　なるほど
ただね　尖閣にしろ
ほかにしろ
領土問題は　古地図や
古文書が必要なほど
古い問題ではないんだよ
え!!
どういう
ことですか？
国家の領土を決める
のは　究極的には
何だと思う？
わかりません
〝戦争〟だ
では
日本の領土問題にとって
直近の戦争は？
第2次世界大戦！
そう　でね
日本社会の大半が
見落としている
のはこの点なんだ

領土問題は第2次世界大戦の戦後処理にかかわっている
つまりこの戦争に日本が負けたことの後始末なのさ
だから領土問題というときに原点となるのは2つあるんだ
1945年に降伏したときに受諾した「ポツダム宣言」と
JAPAN
51年に調印 52年に発効した主権回復したときの「サンフランシスコ講和条約」
ポツダム宣言では「日本国ノ主権ハ本州、北海道、九州及四国並ニ吾等ノ決定スル諸小島ニ局限セラルヘシ」となっている
そして主権回復のためのサンフランシスコ講和条約でさらに細かい領土の規定をした

しかし　北方領土にしろ
尖閣諸島にしろ
問題をややこしく
しているのは
さっき言った
原点のひとつ
サンフランシスコ
講和条約に
ソ連も中国も参加して
いないからだ
え!?
なんでですか？
45年から51年までの間に
中国は　内戦の結果
中華民国から中華人民共和国
へと政体が変化し
共産党政権となったため
招聘《しょうへい》されなかったんだ
招聘されず
拒否
そして　それを
不服に思うソ連も条約に
調印しなかった
そうか　約6年の間に
世界情勢も変化
したんですね
だから日本は領土問題を
含め　ソ連・中国と
個別で戦後処理を
しなければ
いけなかった

1956年の日ソ共同宣言に至るまでのソ連との交渉で じつは北方領土問題の解決の仕方は両国でおおよそ合意ができていたんだ
歯舞《はぼまい》と色丹《しこたん》の2島返還でお互いケリをつけようと
千島列島
択捉《えとろふ》
国後《くなしり》
北方領土
色丹
歯舞
え!? そうなんですか？
しかし それは実現しなかった なぜか わかるかい？
アメリカの横やりが入った ですか？
そうだね 正解
当時の国務長官ダレス＊は日本に対してこう言い放った…

＊ 1888～1959年。アメリカの政治家。アイゼンハワー大統領時代の国務長官

『この条件で日ソ平和条約締結へと突き進むなら…
アメリカは沖縄を永久に返さないぞ』いわゆる〝ダレスの恫喝〟だ
なんでそんなことを!?
北方領土問題が日ソ間で解決し日本人の非難の目がアメリカの沖縄占領に向かないようにするためさ
さらに 日本にソ連に対する強い敵意をもたせ ソ連の友好国になったり中立策をとったりすることがないようにもしたかったんだ
どういう理屈でアメリカは横やりを入れたのですか?

サンフランシスコ講和条約では「日本国は、千島列島並びに日本国が1905年9月5日のポーツマス条約の結果として
千島列島
樺太
主権を獲得した 樺太の一部及びこれに近接する諸島に対するすべての権利、権原及び請求権を放棄する」と書かれているんだ
千島列島をすでに放棄している以上自ら領有していないもの（具体的には択捉と国後）を米国の許可なく他国に譲ることはできない という理由からだよ
勝手に話を決めないでクダサーイ
千島列島の放棄を命じたのはアメリカなのに すごい理屈だよ！
ポップ

だから ダレスの恫喝以降
「北方四島は千島列島に含まれず
4島を返還せよ」と日本側は主張
するようになった
BEFORE
千島列島
AFTER
択捉島
国後島
色丹島
歯舞群島
けれども
これは無理筋なんだ
サンフランシスコ講和条約で放棄した
領土には千島列島全島が含まれることは
当時の日本の政治家や外交官が
はっきり認めていたことだ
それなのに
ダレスの恫喝以降
「4島よこせ」という
ようになった

ハ〜〜
まるでダダっ子じゃん…
もっと問題なのがソ連崩壊で状況が変わったのにもかかわらず〝ダレスの恫喝〟がいまだに無駄に生き残って　日本は4島返還の旗をおろせなくなっていることだ
ジロリ…
だから戦後70年たっても解決できない
戦後70年たっても永続敗戦レジームによって領土問題が解決できないでいるんですね
尖閣…も解決できないんですか？

尖閣も日本側が敗戦の否認をしているかぎり難しいだろう
日本側の外務省の見解としては
「尖閣は サンフランシスコ講和条約第3条に基づきアメリカの施政下に置かれた南西諸島の一部であり
1972年の沖縄返還とともに日本に返還された地域に含まれることを理由に日本のもの」と言っている
でも 中国はサンフランシスコ講和条約に調印していない
サンフランシスコ呼ばれてねーよ!!
だから少々ややこしい
とはいえ 中国は 政体の変更を理由として サンフランシスコ講和条約を全否定するなら同じ理由で ポツダム宣言における連合国としての地位も失う
ツッパってばかりもいられない

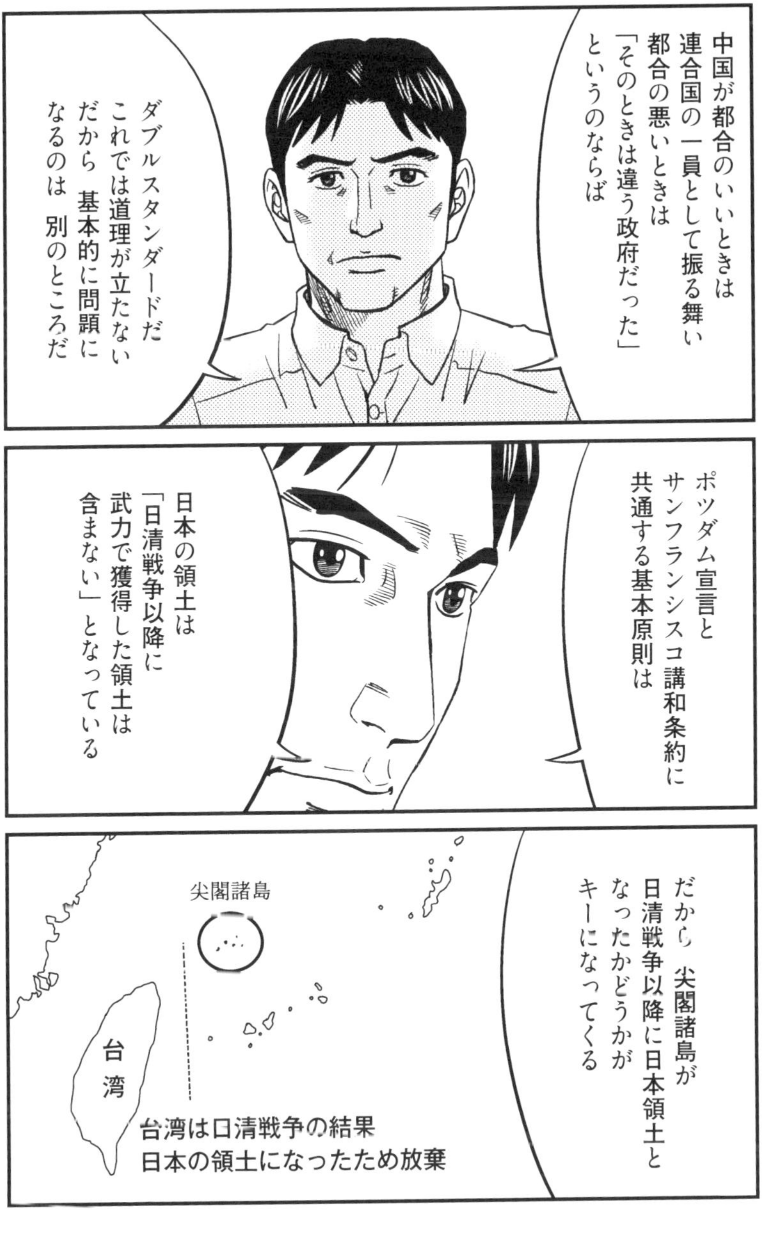

中国が都合のいいときは連合国の一員として振る舞い都合の悪いときは「そのときは違う政府だった」というのならば
ダブルスタンダードだ これでは道理が立たない だから 基本的に問題になるのは 別のところだ
ポツダム宣言とサンフランシスコ講和条約に共通する基本原則は
日本の領土は「日清戦争以降に武力で獲得した領土は含まない」となっている
だから 尖閣諸島が日清戦争以降に日本領土となったかどうかがキーになってくる
尖閣諸島
台湾
台湾は日清戦争の結果
日本の領土になったため放棄

尖閣についての外務省の見解は
「1885年から何度も現地調査を行い無人島であり かつ清国の支配が及んでいる形跡があるかを慎重に確認したうえで1895年1月14日に標杭を立てるという閣議決定を行って日本領土とした」となっている つまり清国は尖閣諸島に何の興味も示してなかったというわけだ
——だがこれはちょっとした詭弁《きべん》だ
尖閣諸島のある沖縄県の前身は琉球王国といってもともとは
清（中国）と日本の両国に服属していたんだよ
え!? どちらの政府にも属していたんですか!?
そう だから1870年代日本が「沖縄県」として琉球を取り込もうとした際清は抗議をした
日本
琉球
清

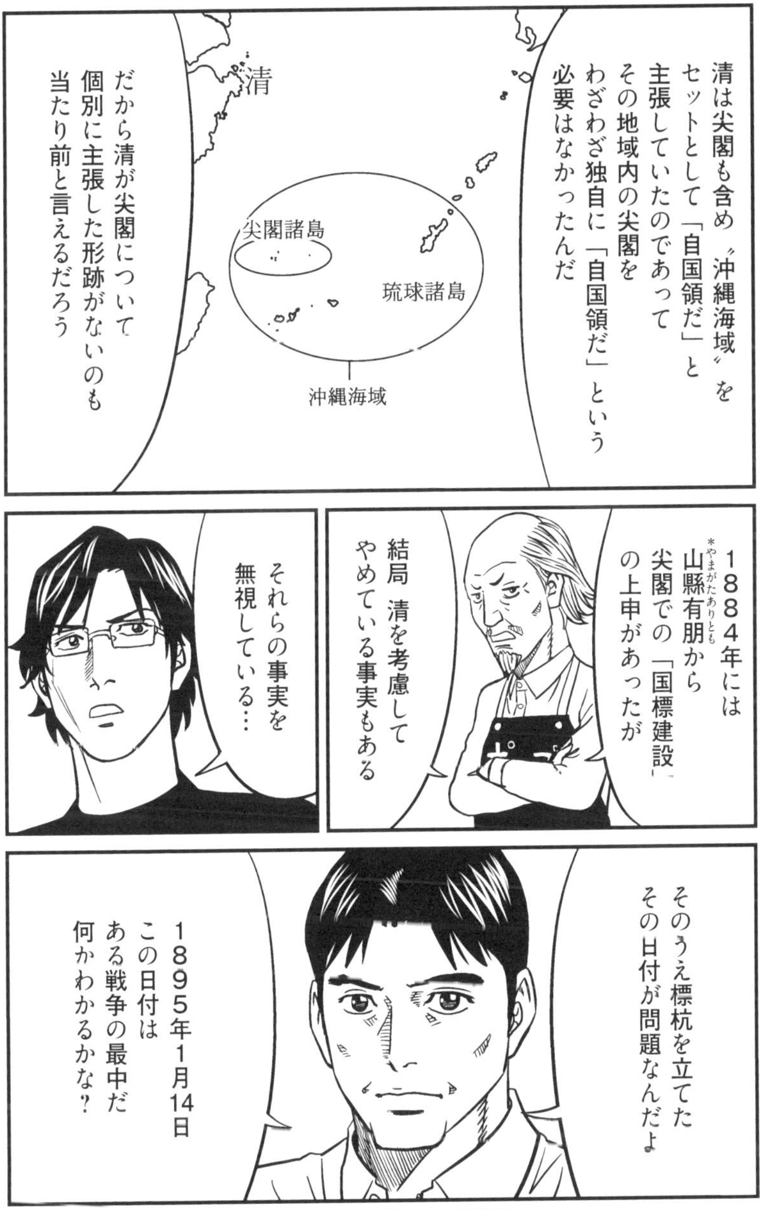

清は尖閣も含め〝沖縄海域〟をセットとして「自国領だ」と主張していたのであってその地域内の尖閣をわざわざ独自に「自国領だ」という必要はなかったんだ
清
尖閣諸島
琉球諸島
沖縄海域
だから清が尖閣について個別に主張した形跡がないのも当たり前と言えるだろう
1884年には＊山縣有朋《やまがたありとも》から尖閣での「国標建設」の上申があったが
結局 清を考慮してやめている事実もある
それらの事実を無視している…
そのうえ標杭を立てたその日付が問題なんだよ
1895年1月14日この日付はある戦争の最中だ何かわかるかな？

＊ 1838 〜 1922 年。明治・大正時代の元老。第３、９代首相

日清戦争の
まっただ中!?
そう!
尖閣が日本領土化
された時期がきわめて
微妙なのだ
日清戦争の結果として
日本のものになったとは
言い切れない一方で
日本にとって
有利な戦況を背景に
領土化した
とも言える　つまり
日中双方の主張に
根拠がある
だから　日中国交正常化交渉の際
周恩来[*1]が田中角栄[*2]に対して
「この問題を議論しだしたら、
何日かかるかわかりませんよ」
と言ったのは的を射てるんだ
なのに!
賢明な先人たちが
棚上げしてきた問題を
石原慎太郎[*3]は
東京都による尖閣諸島
購入計画によって
炎上させやがって

＊1　1898～1976年。日中共同声明（1972年）の調印の際の中国首相
＊2　1918～1993年。第64、65代首相

しかも 尖閣諸島のうち
2島（久場島《くばしま》・大正島《たいしょうとう》）は
沖縄返還以降も米軍の
射爆場として
排他的管理下にあるんだ
日本人立入禁止
日本人立入禁止
久場島
大正島
……
この問題に関しては
石原氏は何も言わなかった
中国に対しては
強気
でも
アメリカには
沈黙——
これが日本を代表する
ナショナリスト
っていうんだから
爆笑もんだよ!!
ここでも
対米従属…
なんですかね
そうだ そして
敗戦の否認——
永続敗戦レジームの
支配層は
敗戦の事実を公然と
認めることができない

＊3　1932年生まれ。『太陽の季節』で芥川賞受賞。第14～17代東京都知事

しかし先ほども言ったが領土問題は〝敗戦の後始末〟なのだ
だから敗戦の否認を続けているこの国の支配層は領土問題の道理ある解決に向けて前進する能力を根本的にもたないんだ――
戦争を危惧する朋子ちゃんのような人たちに僕は言っておきたい
領土問題はさっきも話したように〝火種〟になりやすい
その火種を戦後70年たっても世界情勢が劇的に変化しても処理できない永続敗戦レジームのもとではこれからの日本の平和は危ういということだ

そして 平和を願えばこそ
その時々の世界情勢を見極め
日本に住む国民の安全を
真に願う政治家を
選んでいかねばならない
ということだよ
将来の世代の
ためにもね
わかりました
領土問題で表面だけ見て
熱くなってた自分に
反省です
甥っ子を戦争に
行かせたく
ないですからね
私たちの子どもの
未来のためにも
ちゃんと考えます
ヒュ〜
え〜 私たちの
子ども!?

第5章
解説

無条件「対米従属」の先にあるもの

解説・白井 聡

■〝手段〟ではなく〝目的〟になっている「日米基軸」

第5章では「『平和』のほころび」について述べていきたい。つまり、安全保障問題である。永続敗戦レジームの下では、この問題は米国の世界戦略における日本の利用方法をめぐる問題として現れてくる。

領土問題にしろ何にしろ、戦後日本の外交・安全保障問題は、対米関係を抜きにしては語れない。そして、冷戦構造を前提としていた永続敗戦レジームが今なお続くことで、世界の情勢変化との間で齟齬《そご》が生じ、「『平和』のほころび」が生じてくるに至った。

ところが、無条件的な対米追従姿勢の限界が露呈しているにもかかわらず、「日米同盟の深化」の名の下で、対米追従どころか対米隷属へと今の日本は突き進んでいる。なぜそうな

中国に対しては
強気
でも
アメリカには
沈黙――
これが日本を代表する
ナショナリスト
っていうんだから
爆笑もんだよ!!

▲無条件の日米同盟、対米隷属で失うものは何か

るのか。

国際政治学者の豊下楢彦は、著書『「尖閣問題」とは何か』のなかで、1980年代の日米関係において重要な役割を果たした元外交官・中島敏次郎の言葉を紹介している。それによると、中島は、「日米外交の達成目標を何であると認識していたか」という質問に対し、「やはり日米関係のゆるぎない紐帯《ちゅうたい》だと思っております」と答えたという。

ここに、戦後日本の病理が凝縮されている。質問者が、「達成目標」を聞いているのに対し、答えは「日米基軸」。答えになっていない。本来、論理の初歩として、達成すべき外交目標があり、日米基軸は目標達成のための手段である。このように、無条件対米従属が自明化した挙げ句、親米保守派エリートは思考能力を失った。

集団的自衛権の問題、日米安保条約の問題などを問うとき、日米関係の「イコール・パートナーシップ」という観念にも言及したい。「米国の言いなりじゃないか」という声に対し、「主体的に米戦略に参加することで発言力が高まり、立場が対等に近づく」という見解である。

この見解は、日本が対米従属を深めれば深めるほど、それだけ日本は米国から自立する、という不可思議な論理に基づいているが、現実の歴史にそのような事実はない。

歴史的事実に照らし合わせれば、アメリカの世界戦略に戦後日本がとことんまで付き合わなくて済んだ、言い換えれば相対的な自律性を持ちえたのは、改憲論者が「押しつけ憲法」だと批判する平和憲法ゆえであり、またソ連のプレゼンスを背景とした社会主義政党の有力さゆえであった。かつての自民党政権が、アメリカから無理難題を振られたとき、要求をかわすために平和憲法と社会党の強力さを対米交渉の際の頼みの綱としていたことは、周知の事実である。

「主体的に米戦略に参加する」とは、「米国の言いなり」どころか「米国の言いそうなことの言いなり」になることを意味しようが、このような外交方針を持つ国は世界の誰からも尊敬されず、深く軽蔑されるだろう。

「日米同盟の強化」のマントラを唱え続け、対米従属の無限化を自ら嬉々として推し進める

しかし先ほども言ったが
領土問題は
〝敗戦の後始末〟なのだ
だから敗戦の否認を続けている
この国の支配層は領土問題の
道理ある解決に向けて
前進する能力を根本的に
もたないんだ——

▲〝敗戦〟に向き合わないかぎり領土問題は解決しない

勢力がこの社会を支配し続けており、特に外交・安全保障の世界については権力を独占しているというところに日本の問題がある。

■尖閣問題はどうなっていくのか

永続敗戦レジームは、平和に対する最も見やすい脅威、日本が抱える領土問題に対してどのような影響を及ぼしているのか。

たとえば、マンガのなかでも説明したが、尖閣諸島の一部（久場島と大正島）をアメリカは軍事施設として管理下においている。だから、アメリカは、この騒動にすでに巻き込まれていると言っていい。にもかかわらず、尖閣諸島の帰属問題についてのアメリカの立場は「中立」である。この問題に関し、アメリカが日本の肩をもって本気で介入する気などまったくないことがわかるだろう。

しかし他方で、アメリカはこの問題にノータッチというわけにもいかず、「尖閣は日米安保の適用範囲内である」との見解を繰り返し表明し、日米同盟の有効性をアピールしている。

ここからは、典型的な「オフショア・バランシング」の戦略が透けて見える。

オフショア・バランシングとは、豊下楢彦の言葉を借りれば、「単純化して言えば、海の向こうにAという強大な勢力が出てくる場合に、同じ海の向こうにBという別の勢力を擁して支援を与え、AとBとの間で緊張関係を高めさせ、自らは海のこちら側で安全を確保するという戦略である」（『「尖閣問題」とは何か』から）。

アメリカからみれば、中国の軍事的、経済的、政治的な台頭は抑えがたいものとなりつつあり、これを単独で抑制するコスト負担には耐えられない。また、アメリカにとって最悪の構図は、中国と日本が接近して、アメリカ中心の世界秩序への挑戦を企てることであろう。したがって、日中の関係に一定のくさびを打ち込んでおくこと、日中関係が親密にならないよう火種を残しておくことが、重要な戦略となる。

そしてそれは、アメリカの軍産複合体の利益にもかなう。軍産複合体にとって、尖閣諸島に関しての最も利益のあるストーリーとは、緊張の高まりに伴って、日本の防衛予算が大幅に上昇することだろう。紛争発生も商機になりうる。

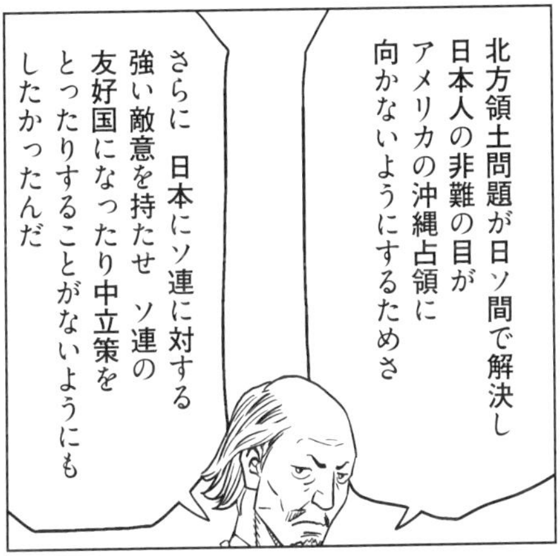
北方領土問題が日ソ間で解決し
日本人の非難の目が
アメリカの沖縄占領に
向かないようにするためさ
さらに　日本にソ連に対する
強い敵意を持たせ　ソ連の
友好国になったり中立策を
とったりすることがないようにも
したかったんだ

▲〝ダレスの恫喝〟はオフショア・バランシングの典型

もちろん、オフショア・バランシングの戦略は、冷戦時代も見られた。マンガの中でも説明した北方領土をめぐる〝ダレスの恫喝〟などは、その典型例と言っていい。

しかも冷戦時代と現代が大きく異なるのは、グローバル化によって、潜在的な敵対国であっても、経済関係の緊密化は避けられず、そのために衝突の種が増大しやすいという点だ。そのようなリスクに満ちた世界で、米国の世界戦略に追随することを自明の前提にすることしかできない親米保守派が権力を独占していることは、日本国民にとって最悪のリスクである。

おすすめの関連本

『安保条約の成立——吉田外交と天皇外交』

豊下楢彦 著／岩波新書 1996 年刊

本書を読んだとき、頭を殴られたような衝撃を受けた。「国体」とは何か、それが敗戦にもかかわらず「護持」されたとは、一体何であったのか。長年漠然と抱いていた疑問に本書は明確な答えを与えてくれた。要するに、日米安保体制によって天皇制はメイド・イン・USA となったのだ。だから、現代の親米保守支配層が、日米同盟を「天壌無窮」化し、永遠視するのは、ある意味、理に適っている。しかし、無論、それは国家戦略としては合理的でない。

『親米と反米——戦後日本の政治的無意識』

吉見俊哉 著／岩波新書 2007 年刊

「いざとなったらアメリカは我が国を守ってくれる」。こんな素朴な妄想が長年維持されている親米国家は、世界中を探しまわっても日本以外のどこにもあるまい。この感覚は、政治的計算以前の「好き」「嫌い」の感情に根差している。つまり、日本にとってのアメリカは、政治的同盟者以上の存在なのだ。だが、それは所詮は片想いにすぎない。吉見俊哉は、この片想いの歴史を解き明かすことで、日米関係の真の前提を抉《えぐ》り出している。

第6章

歴史に学べ、自主的に生きよ

▲1945年3月9日夜から10日未明の東京空襲後の東京を視察する昭和天皇（1945年3月18日、富岡八幡宮付近で撮影）

卒業式
じゃあな
ワイワイ
またなー
カラン
ポップ
こんにちはー
お！
おめでとう
卒業式だね
いいねー
晴れ姿！
ポップ

ありがとうございます！ 卒業式のあと ぜひ ここにもきたくて
卒業したらあんまり これなくなっちゃうし
それは寂しいなぁ
卒業しても たまには きなよ！ 売り上げに貢献してね
高田さん マスター 今までいろいろ 教えてくださって ありがとうございました
2月にお会いして以来 2カ月弱でしたが 今後の人生を左右する 濃密な時間でした
なぜ歴史を 知らなければ ならないのか よくわかりました

そうだね 歴史を学ぶことは 本当に重要だ
今 永続敗戦レジームのもとで 原発問題 領土問題 TPP 安全保障 沖縄の基地問題など 数多くの問題が切迫している
今後もさらに数多くの問題が起きてくるだろう だから 永続敗戦レジームから抜け出すためには〝歴史認識〟を変える必要がある
永続敗戦論のキーは〝敗戦の否認〟と〝対米従属〟ですものね
そうだね だから歴史を知ることは とても重要だよ そのいい実例が――…
ソ連だ
ソ連 ですか?

ソ連が体制崩壊したのには〝歴史認識〟が関係しているんだ
一般的には 経済の立て直しのために[*1]ゴルバチョフ政権がとったペレストロイカ政策によってソ連は体制崩壊したといわれている
だが 長期にわたってソ連に暮らしていたアメリカ人ジャーナリスト[*2]デイヴィッド・レムニックはこう言っている
「最終的な崩壊へと方向づけたのはペレストロイカ政策（立て直し・資本主義経済の部分的導入）よりもグラスノスチ政策だった」と

＊1　1931 年生まれ。1991 年ソ連崩壊時の大統領
＊2　1958 年生まれ。『レーニンの墓』でピュリツァー賞受賞

グラスノスチ政策ってなんですか？
グラスノスチは情報公開の制度だ

徹底した検閲を行い情報統制をしていたそれまでの政策をあらため情報公開制度を整えた
公開された情報の中にはソ連の暗黒の歴史であるスターリン*政権下で行われた抑圧と残虐行為も数多く含まれていたんだ

＊ 1879～1953年。ソ連の独裁者。弾圧の犠牲者は数千万人にのぼるとの説もある

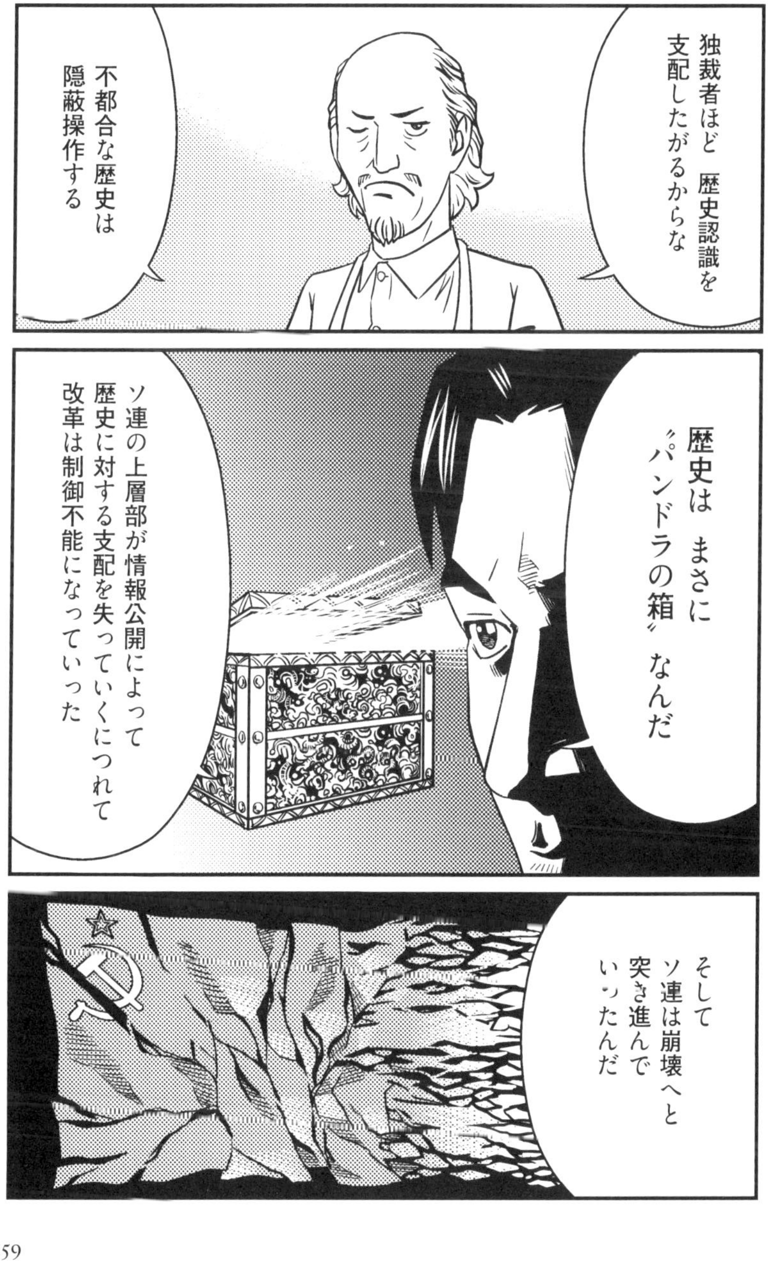
独裁者ほど　歴史認識を支配したがるからな
不都合な歴史は隠蔽操作する
歴史は　まさに〝パンドラの箱〟なんだ
ソ連の上層部が情報公開によって歴史に対する支配を失っていくにつれて改革は制御不能になっていった
そしてソ連は崩壊へと突き進んでいったんだ

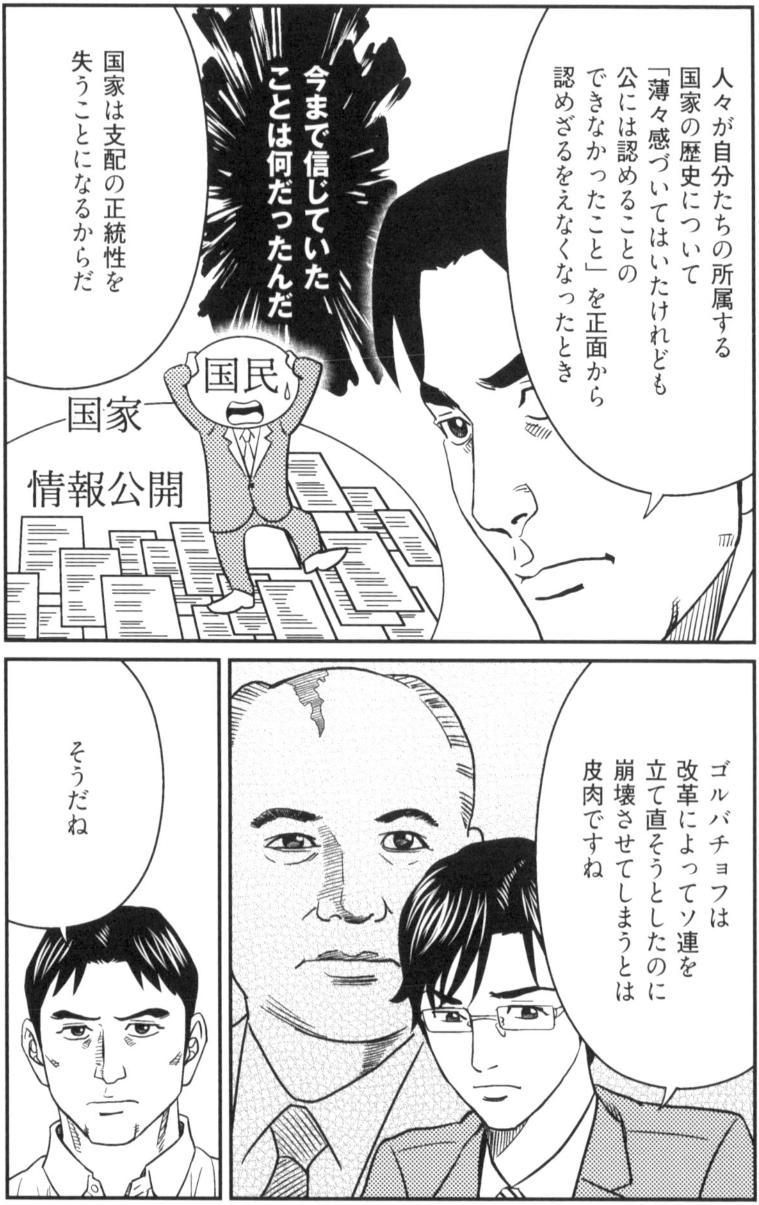
人々が自分たちの所属する国家の歴史について「薄々感づいてはいたけれども公には認めることのできなかったこと」を正面から認めざるをえなくなったとき
今まで信じていたことは何だったんだ
国民
国家
情報公開
国家は支配の正統性を失うことになるからだ
ゴルバチョフは改革によってソ連を立て直そうとしたのに崩壊させてしまうとは皮肉ですね
そうだね

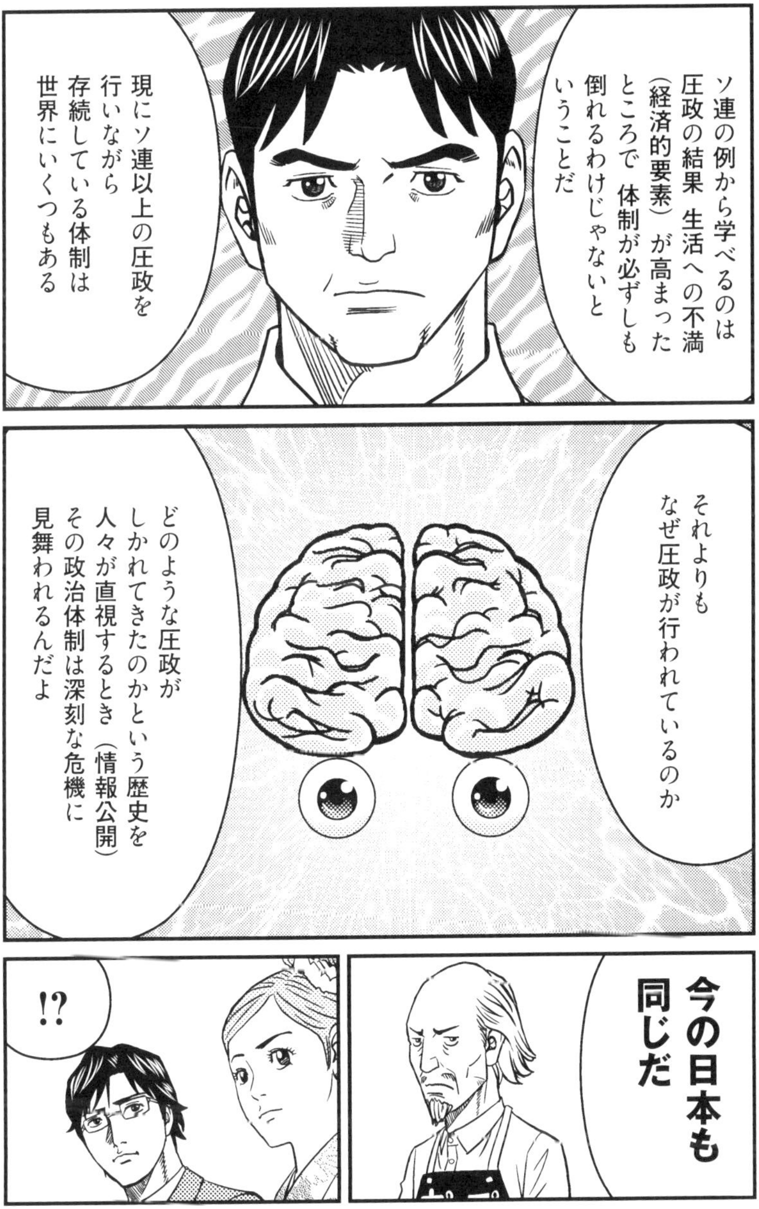
ソ連の例から学べるのは圧政の結果 生活への不満（経済的要素）が高まったところで 体制が必ずしも倒れるわけじゃないということだ
現にソ連以上の圧政を行いながら存続している体制は世界にいくつもある
それよりもなぜ圧政が行われているのか
どのような圧政がしかれてきたのかという歴史を人々が直視するとき（情報公開）その政治体制は深刻な危機に見舞われるんだよ
今の日本も同じだ
!?

どのような権力の支配の下
日本は１９４５年以降
今日まで歩んできたのか
日本人は何を知らずに
ここまできたのか
正面から見すえなければ
いけない

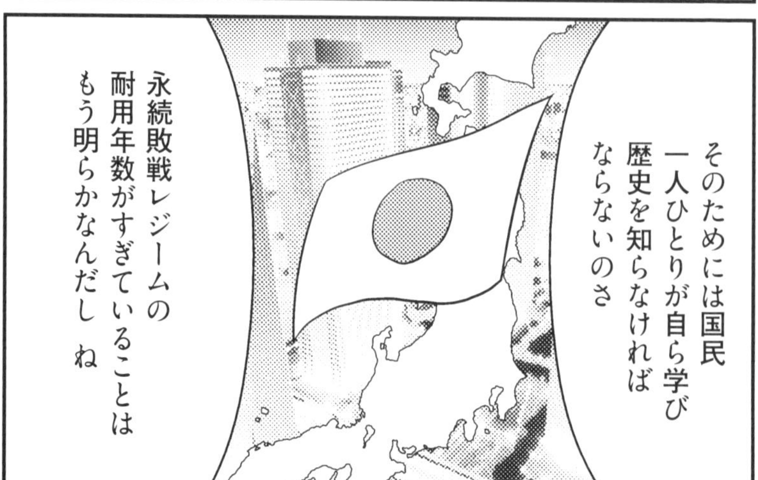
そのためには国民
一人ひとりが自ら学び
歴史を知らなければ
ならないのさ
永続敗戦レジームの
耐用年数がすぎていることは
もう明らかなんだし　ね

でも
僕ひとりが歴史を学ぶのに
そんなに意味あるのかな
って思うときもあります…
ちょ…
何言ってんのよ
ここにきて…
オイオイ
若ぇのに何だ??
ポップ
はは　そうだね
そう弱気になったり
疑問に思ったりするとき
もあるよね
そういうときは
僕はガンジー*のこの言葉を
思い出すんだ
ガンジー？

＊ 1869 ～ 1948 年。インド独立の父。「非暴力・不服従」の姿勢を貫いた

『あなたがすることのほとんどは無意味であるがそれでもしなくてはならない
そうしたことをするのは世界を変えるためではなく世界によって自分が変えられないようにするためである』（ガンジー）

僕はこの言葉に
勇気をもらっているよ
世界を変えるためでなくても
せめて横暴な世界から
自分を変えられないように
高田さんや　おまえさんがたの
ような若い人たちこそ
学んでほしいな
俺も
負けないように
しなきゃ
コクリ
はい！
がんばります
喫茶ポップ
了

第6章
解説

永続敗戦レジームから脱却するために

解説・白井 聡

■ソ連崩壊に学ぶ「歴史認識」の重要性

第5章まで、永続敗戦レジームがいかにして生まれたか、永続敗戦レジームがあることでどのようなことが起きたのか、今、何が問題なのかなどを解説してきた。

第6章では、永続敗戦レジームからどうしたら脱却できるのかについて考えたい。

『永続敗戦論』という本の執筆目的を、私は「『戦後』を認識の上で終わらせることである」と書いた。

人々の歴史認識や歴史的感覚を問い直し、疑問を呈し、それを刷新したいのだ。しかし、それにどれほどの現実的な意味があるのか、と考える人も多いだろう。

だが、マンガの中でソ連の例をあげて語ったように、人々の歴史意識の変化は、現実の変

歴史は　まさに
“パンドラの箱”なんだ
ソ連の上層部が情報公開によって
歴史に対する支配を失っていくにつれて
改革は制御不能になっていった

▲歴史認識の変化は体制をも壊す力がある

化につながる。古今東西の歴史を例に出すまでもなく、独裁者や独裁国家は情報を統制し、支配者にとって都合の良い「歴史」の物語を流布するものである。この物語が失効するとき、支配者とその体制に対する不信と不満は、抑えがたいものとなる。歴史に対する支配力を失った権力は、現実に対する支配をも遠からず失うのである。

その意味で、歴史認識は政治闘争の場である。永続敗戦レジームの支配者層もそのことをよく知っているから、歴史認識問題や歴史教科書問題を政治的争点として重要視してきた。

近年、日本社会ではっきりと目立つのは、第2次世界大戦時の日本の蛮行・愚行を否認しようとする傾向だ。これは実にわかりやすい「敗

戦の否認」である。「あの戦争に勝ったのだ」とはさすがに誰も言えないので、「悪いことばかりではなかった」あるいは「そんなに悪いことはしていない」と主張することによって、先輩支配層を正当化し、自らを慰めるわけである。そして、国民のなかの付和雷同的メンタリティの持ち主は、この傾向を情熱的に支持している。

　こうした傾向が強まっているのは、永続敗戦レジームが継続しているためである一方、レジームの危機が切迫しているためでもある。述べてきたように、永続敗戦レジームはその存立条件を失い、宙に浮いている。それを無理やり維持しようという不毛な努力の一環が、「敗戦の否認」に基づく歴史認識の強化なのである。

　ゆえに、「敗戦の否認」を続けてきた権力層がつくり上げたレジームを壊すには、「敗戦」を直視し、その意味にとことん向き合う必要性がある。それによって、私たちの歴史感覚・現実に対する感覚を強力に規定する「戦後」という時代への見方を、根本的に変えなくてはならないのである。

どのような権力の支配の下
日本は1945年以降
今日まで歩んできたのか
日本人は何を知らずに
ここまで来たのか
正面から見すえなければ
いけない

▲「敗戦」や「戦後」についてとことん向き合わなければいけない。

この国の歴史認識を変えられるかどうか

第2次安倍晋三政権は、『永続敗戦論』の執筆中に成立し、その後も国政選挙で勝ち続けている。同政権のスタンスは、非常に明瞭だ。すなわち、「敗戦の否認」を徹底化するというものである。それは、一方では歴史修正主義的な言動として、他方では敗戦の結果として課された軍事力への制約を打ち破ることとして、表れている。また、14年、集団的自衛権行使容認によって事実上の改憲を閣議決定という手段を用いて行ったが、これは民主主義の破壊である。

ただし、そこに何ら不可思議なことはない。戦後民主主義が、日本国憲法と同じく、敗戦の結果によってアメリカから「押しつけ」られたのだとすれば、「敗戦の否認」

の徹底化が戦後改革（＝民主化）の成果の否定に至るのは、当然の道理である。そして、安倍晋三が永続敗戦レジームの象徴とも言うべき岸信介の孫であり、それを誇りとしていることも、まさにこの状況に合致している。

こうした「敗戦の否認」を安倍は「戦後レジームからの脱却」と称しているのだが、このスローガンが異様なのは、そのもとに従来をはるかに上回るレベルで対米従属を追求しているためである。それは、具体的次元では、米軍の世界戦略を補佐して地球上のどこにでも自衛隊を派遣しようという前代未聞の朝貢政策として現れている。つまり、彼は戦後レジームの本質を全く理解できないために、対米従属のさらなる深化を「独立」と取り違えている。これはまさに、永続敗戦によって完全な混乱に陥った歴史認識のなせる業である。

かくして、安倍政権は対米従属の実質的度合いを飛躍的に高めつつ、歴史認識における「敗戦の否認」を貫こうとしたが、親分（アメリカ）はそれを許容しなかった。それが表面化したのは、靖国神社参拝問題である。

これまでも、東京裁判によって死刑に処されたA級戦犯が1978年以降、「神」として祀られている靖国神社に日本の政治家が参拝するという行為に対して、アジア諸国は抗議を繰り返してきた。だが、これは本来、対アジア諸国の問題にとどまらないのだ。政治家の靖国参拝は、突き詰めれば東京裁判に対する不満、すなわち米国を筆頭とする全連合国に対する不満の表明というメッセージとして受け取られる。だから、首相の参拝時に米大使館の出した「失望した」というメッセージは、あけすけに言えば、「傀儡《かいらい》の分際がつけ上がるな」と命じているのである。

▲靖国神社参拝は対アジアだけの問題ではない

ここであらためて浮かび上がるのは、「敗戦の否認」の空想性である。本当にそれをやり遂げるというのなら、もう一度アメリカをはじめとする連合国と戦争し、今度ばかりは勝たなければならない。無論、このようなシナリオは、端的に馬鹿げている。

永続敗戦レジームは、いずれにせよ遠からず崩れざるを得ない。なぜなら、存立基盤を失っているからだ。その崩壊が、大きな犠牲を伴うのか、ソフトランディングとなるのか、今のところまだ定かではない。だが、その帰趨《きすう》が、この国に生きる人々がどれほどの勇気を持ち、理に適《かな》った歴史認識を持てるかどうかにかかっていることは、間違いないのである。

おすすめの関連本

『8・15と3・11
——戦後史の死角』

笠井潔 著／NHK 出版新書 2012 年刊

3・11 を経験したとき、私たちは強烈な既視感にとらわれなかっただろうか。「これはあの戦争の時と同じだ」と。そして、あの戦争の敗北の事実をできる限り曖昧にしたのと同じように、今日の日本国家・社会も 3・11 の意味を全力を挙げてごまかそうとしている。笠井潔はこの事実に対して誰よりも早く怒りの声を上げた。あの戦争への総括なくして、今日の危機を乗り越えられるはずがないのだ。

『家畜人ヤプー』 1～5巻

沼正三 著／幻冬舎アウトロー文庫 1999 年刊

本書は、一般には SF 的な変態官能小説として読まれてきた。だがそれは一面にすぎない。戦後日本を、いや近代日本を、これ以上残酷な筆によって描き出した書物を私は知らない。ヤプー＝日本人を徹底的に嘲弄する著者の示す底知れぬ悪意に直面したとき、曖昧な笑いを浮かべてやり過ごすことのできた時代は、もう終わった。私たちは、この変態小説のなかに極限的に写実的な自画像と真の歴史を見なければならない。

参考文献

有馬哲夫『CIAと戦後日本――保守合同・北方領土・再軍備』（平凡社新書／2010年）
アンドルー・ゴードン編／中村政則監訳『歴史としての戦後日本（上）』（みすず書房／2001年）
江藤淳『一九四六年憲法――その拘束』（文春学藝ライブラリー／2015年）
片山杜秀『国の死に方』（新潮新書／2012年）
加藤典洋『敗戦後論』（ちくま学芸文庫／2015年）
佐藤優『国家の罠――外務省のラスプーチンと呼ばれて』（新潮文庫／2007年）
デイヴィッド・レムニック／三浦元博訳『レーニンの墓――ソ連帝国最期の日々（上・下）』（白水社／2011年）
デヴィッド・ハーヴェイ『新自由主義――その歴史的展開と現在』（作品社／2007年）
豊下楢彦『昭和天皇・マッカーサー会見』（岩波現代文庫／2008年）
豊下楢彦『「尖閣問題」とは何か』（岩波現代文庫／2012年）
豊田祐基子『「共犯」の同盟史――日米密約と自民党政権』（岩波書店／2009年）
ナオミ・クライン『ショック・ドクトリン――惨事便乗型資本主義の正体を暴く（上・下）』（岩波書店／2011年）
朴裕河／佐藤久訳『和解のために――教科書・慰安婦・靖国・独島』（平凡社ライブラリー／2011年）
久野収・鶴見俊輔『現代日本の思想――その五つの渦』（岩波新書／1956年）
福田恆存『福田恆存評論集　第十巻――日米両國民に訴へる』（麗澤大学出版会／2008年）
孫崎享『日本の国境問題――尖閣・竹島・北方領土』（ちくま新書／2011年）
マイケル・シャラー／市川洋一訳『「日米関係」とは何だったのか――占領期から冷戦終結後まで』（草思社／2004年）
本山美彦『金融権力――グローバル経済とリスク・ビジネス』（岩波新書／2008年）
吉田裕『昭和天皇の終戦史』（岩波新書／1992年）
吉見俊哉『ポスト戦後社会――シリーズ日本近現代史⑨』（岩波新書／2009年）
若泉敬『他策ナカリシヲ信ゼムト欲ス――核密約の真実（新装版）』（文藝春秋／2009年）
渡辺清『砕かれた神――ある復員兵の手記』（岩波現代文庫／2004年）

おわりに

本書は、私の著作『永続敗戦論――戦後日本の核心』（太田出版／2013年）の漫画ダイジェスト版である。幸いにして、『永続敗戦論』は刊行後やや経ってから話題の書となり、いける本大賞、石橋湛山賞、角川財団学芸賞と3つの賞までいただいた。出版不況と言われるなか、硬質な書籍としては異例の部数が出ていると言えるだろう。

しかし、『永続敗戦論』は簡単に読める本ではないかもしれない。無論、著者としてはできるかぎり平易でわかりやすく書いているつもりだが、著者が当然のこととして前提としている歴史的知識の水準は、全国平均のそれよりもおそらく高い。だから、『永続敗戦論』に盛り込まれた内容がより広範な読者に伝わるよう、漫画版を出してみないかという熱心な勧めを受けて、本書が成ることになったわけである。漫画版として編集し直すに際して、当然議論を単純化したり省略したりした箇所は、多数存在する。ゆえに、本書を読み終えた読者は、原典の『永続敗戦論』をぜひとも読んでいただきたい。

特に単純化を免れなかったのは、「対米従属」の概念である。この漫画版でも、注意深く読めば、『永続敗戦論』が対米従属そのものを批判しているのではないことがわかるはずだ。あの戦争の後、非常に多くの国にとって、対米従属国となるか対ソ従属国となるかは、ほとんど運命に近かった。そして今日、冷戦構造が終結した後、いかなる意味でも対米従属（依存）していない国家など、ほとんど存在しない。ゆえに、問題は、対米従属そのものではなく、日本の対米従属の特殊な在り方なのである。したがってそれは、国際問題ですらない。日本社会の奇妙で歪んだ権力の在り方が、『永続敗戦論』における批判の対象なのである。この微妙なニュアンスを十分に理解してもらうには、やはり原典を読んでいただくほかない。

本書の刊行を提案し、強く勧めたのは、朝日新聞出版の大田原恵美氏である。大田原氏が主導して、登場人物の設定や場面設定等を考案し、解説文の叩き台を作成してくれた。それを基として、私と相談のうえ内容を仕上げることで、本書は完成した。記してお礼申し上げる。

２０１５年　７月

白井　聡

白井 聡（しらい・さとし）
1977年、東京都生まれ。一橋大学大学院社会学研究科博士後期課程修了。博士（社会学）。専攻は、政治学・社会思想。日本学術振興会特別研究員、文化学園大学助教などを経て、現在、京都精華大学人文学部総合人文学科専任教員。主な著書に『未完のレーニン――「力」の思想を読む』（講談社選書メチエ）、『永続敗戦論――戦後日本の核心』（太田出版）、『日本戦後史論』（内田樹との共著／徳間書店）など。

マンガでわかる永続敗戦論《えいぞくはいせんろん》

2015年７月30日　第１刷発行

原　　作　白井 聡
マ ン ガ　岩田やすてる
発 行 者　首藤由之
発 行 所　朝日新聞出版
〒104-8011　東京都中央区築地５-３-２
電話　03-5541-8832（編集）
03-5540-7793（販売）
印刷製本　株式会社 光邦

Published in Japan by Asahi Shimbun Publications Inc.

ISBN978-4-02-251290-1
定価はカバーに表示してあります